魔法の保育環境づくり

はじめに

「子どもは1ミリも変えずに、子どもの周りの世界を変える」

そのためのアイデアをこの本に詰め込みました。ページをめくる度、ワクワクが止まらなくなるはずです。子どもも大人も笑顔になれる、〝魔法〟の環境支援をみなさまにプレゼントします。

3つの〝魔法の視点〟をまずはご紹介します。

ひとつめのキーワードは**安心**。感覚過敏がある子や情報の取捨選択が苦手な子が周りの世界を知りたくなるには、安心とわかりやすさが必須。**主体的・能動的な行動を引き出す視点**です。

二つめのキーワードは**あそび心**。やりたくないことも「おもしろそう」「楽しそう」と感じられる環境に変えましょう。待つ、移動する、片づけることもあそびに変換すれば、あら不思議……。ついやりたくなってしまいます。**「楽しそう」で思わずやっちゃった視点**です。

三つめのキーワードは**強みを生かす**。興味のあること、得意なことをしているときには、子どもは不適切な行動を起こしません。不適切な行動を封じ込めようとせず**「興味を生かしてあそべるように」という視点**です。

私は、環境から情報を適切に受け取れず、不安や混乱に陥ってしまう子どもたちと付き合いながら、現場のみなさんと支援を考え、実践してきました。それは、ただ子どもたちに、「あなたの周りにはこんなに温かい、楽しい、美しい世界があるんだよ」と知らせたいから。この本がその助けになったら、これほどうれしいことはありません。

藤原里美
チャイルドフッド・ラボ代表理事

もくじ

なぜ必要？ 環境調整

安心できる環境が子どもを育てる

「子どもを変えずに環境を変える」支援が大切です。
安心できる環境で過ごすと、子どもはどのように変化するのでしょう。

こっちにも
いこう！
できた！
もっとやりたい！
次は
こっちも！
わかり
やすい！
どうするの
かな？

新しい世界へのアクセスが子どもの発達につながる

子どもは、身近な環境から情報を得ることで生活しています。そのため、子どもが過ごしやすい環境の条件とは、第一に情報がわかりやすいこと。つまり絵カードや写真など視覚的な手がかりがある、子どもが自ら情報を取りに行ける、見通しを立てられる環境です。

子どもは見通しをもてると安心でき、未知の世界にも能動的にアクセスします。その結果、行動範囲や興味・関心が広がり、新しい経験を重ね、発達が促されます。

反対に、情報がわかりにくい環境では、見通しが立たない不安から、未知の世界にアクセスしようとしません。知っている環境、知っているあそび、知っている人のなかだけで過ごそうとするので、世界が広がらず、経験が乏しくなってしまうでしょう。

子どもの発達には、安心できる環境づくりが大切です。

「環境を整える」とは、「先手を打つ」こと

保育室から飛び出す、隣の子をたたくなどの行動は、その子が楽しくあそべていない、または、その場が心地よい環境ではないということの表れです。つまり、楽しくあそべる、心地よい環境であれば、子どもの情動は安定し、不適切な行動を起こしにくくなります。子どもの不適切な行動には、必ず理由があります。行動が気になるときは、その子を観察し、まずは理由を探りましょう。

その子が何をしたらよいかわからず不安そうな場合は、絵やマーク、写真など、目で見てわかる手がかりを用意します。にぎやかな環境にストレスを感じているなら、落ち着ける場所を用意しましょう。子どもの不適切な行動が出る前に、先手を打つのです。

不適切な行動が現れた後に注意をしたり、トラブルを収めたりしても、同じ状況がくり返されるだけです。保育者は、子どもの不適切な行動を誘発する環境に目を向けましょう。

考え方を押さえる

発達障害の子どもが安心して過ごせる環境って？

発達や感覚に偏りのある子どもたちが過ごしやすい環境を考えるために、6つのポイントを押さえておきましょう。

POINT 1 場所がわかりやすい

ロッカーやくつ箱、いすに顔写真やマークがあれば自分の場所が、棚や箱に道具やおもちゃの写真があれば片づける場所がわかります。足形マークがあれば、立つ位置、並ぶ向きもわかります。

　このように、ここに何を置く、ここで何をするかが、ひと目でわかることで、子どもが迷わない環境を用意することが大切です。

POINT 2 一目瞭然見てわかる

抽象的な程度や感覚などは、ことばだけでは間違って伝わったり、人によって受け取り方が異なったりする場合があります。適切な声の大きさなどの抽象的なルールは、ことばだけでは伝わりづらく忘れてしまうことも。可視化、数値化した絵やマーク、写真や文字があれば、一目瞭然で伝わり、いつ見ても思い出すことができます。思いや感情を示せる絵カードもその一例です。

POINT 3 時間がわかりやすい

活動の流れや1日の予定など、先の見通しが立たないと、不安になる子どもがいます。

この時間帯に何をするか、何をどの順序で行うかを、見てわかるようにしましょう。発達に応じて、絵に数字や文字などを組み合わせて視覚化を。

時間的な概念はわかりづらいので、残り時間を視覚化するのも手だてのひとつです。

見通しがもてると心構えができ、落ち着いて過ごせます。

POINT 4 手順がわかりやすい

手順は、絵や写真を使って、見てわかるようにしましょう。作業や活動の手順がわかりやすいと、子どもは混乱せず、不安になりません。

自分で確認して動ける安心感もポイントです。一度に表記する手順の数は、子どもの理解度に合わせて。年齢＝手順の数（3歳なら3枚、4歳なら4枚）を目安にすると、子どもはひと目で把握しやすくなります。

POINT 5 すぐにあそび込める

発達に特性のある子どもは、心地よい感覚刺激が不足すると情動が不安定になる傾向があります。思わず触りたくなるおもちゃであそび、感覚に適切な刺激が得られると、気持ちが穏やかになり、情動も安定します。

ルールの理解が難しい子には、直感的にあそべる「感覚おもちゃ」が必要です。すぐにあそびに入り込めてひとりでじっくり取り組めるので、トラブルが起きにくくなります。

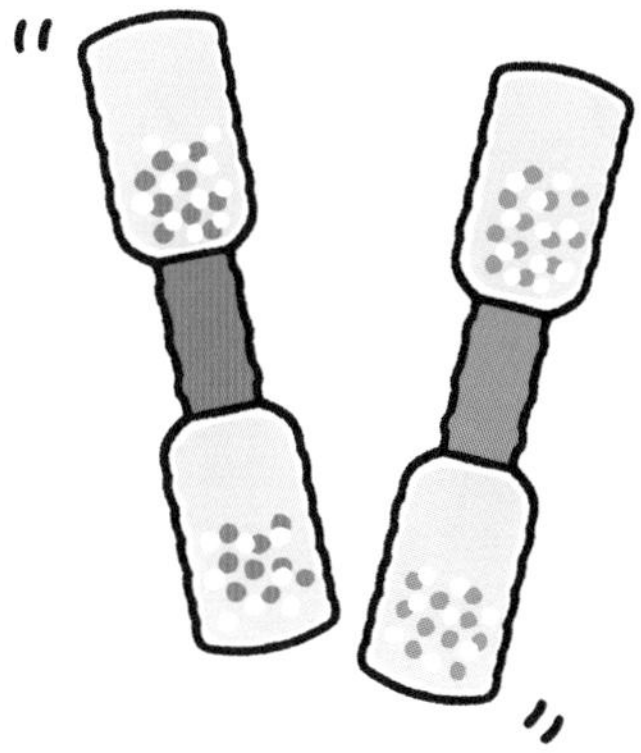

POINT 6 落ち着ける場所がある

感覚過敏などの特性から、保育室の騒がしさや人の多さ、目に入る情報の多さがつらく、疲れやすい子がいます。

ほかの子が目に入らずひとりになれる場所、活動の様子を見ながら休める場所など、安定して過ごせるリソーススペースが必要です。

さあ実践！

環境づくりの心がけとは？

園は、多様な子どもたちがともに育ち合う場所。みんなが安心して過ごすために、子ども目線での環境調整が必要です。保育者が心がけるべきこととはなんでしょうか。

この子のペースで
あっち！

RULE 1

子どもを主語にする

ぼく！
わたし！

子どもは、安心できる環境で、「できた！」という成功体験を積みながら、世界を広げていきます。そのためには、保育者にとってではなく、子どもを主語にして考えることが大切です。子どもが安心して過ごすことができ、「〇〇したい」「やってみたい」と思えるような環境づくりを意識しましょう。

注意すべきは、保育者の「〇〇できるようになってほしい」という思いが、先走らないようにすること。もし支援がうまくいかないとしたら、環境が子どもの気持ちや状態に合っていないのです。子どもの言動を観察し、気持ちを想像しながら、支援の手だてを考えましょう。

RULE 2

ほかの子との差を埋めようとしない

知らず知らずのうちに、ほかの子どもたちとの発達の差を縮めなくてはと思っていませんか？　たとえば着替えの場面などで、ほかの子に追いつくことを目標にすると、子どもに無理を強いかねません。楽しくなければ子どもは「やってみたい」と思えず、ますますその行為を嫌がる場合も。

大人でも誰かと比べられたら楽しくありません。子どもも同じ。ほかの子と同じようにさせたいと支援ツールを用いるのではなく、子どもの過ごしやすさに焦点を当てて。必要なときには手伝ってOK。そのなかで子どもができたことを認めるほうが、結果的に自立へとつながりやすくなります。

RULE 3

とりあえずやってみる

支援に必要なのはスピード感です。たとえば、視覚的なサポートが必要かもしれないと感じたら、その場でメモ帳にさっと絵を描いて、それを子どもに見せるのでもよいのです。その手だてが有効かどうかを判断するためにも、まずは実践！　完璧な支援をしようと時間をかけてツールを用意しても、それが子どもにとってわかりやすいものであるとは限りません。きれいに作った支援ツールが子どもに受け入れられなければ、保育者はがっかりもするでしょう。

簡単なものでよいので、まずは支援を試してみて、子どもの様子を見ながらバージョンアップしていくとよいでしょう。

RULE 4

PDCAサイクルを速く回す

子どもの成長によって、必要な支援は変化していきます。一定期間で支援の見直しを行い、子どもにどのような変化や成長が見られたか、その支援は適切だったかを検証し、調整することが理想です。そのためにはPDCAサイクルを意識するとよいでしょう。

子どもの様子を見て計画（Plan）を立て、実行（Do）し、評価（Check）、改善（Action）を行います。そのくり返しを通して、子どもに合う設定ができるようになるでしょう。

複数の支援を試み、PDCAサイクルを速く回すことで、子どもに合ったよりよい環境をつくりやすくなります。

第1章

生活

登園

保護者と離れられない、保育室に入れないなどの姿が見られる登園時。特に入園・進級の春は、慣れない生活に対する不安が、登園時に現れます。安心して保育室に入り、園生活を楽しみにできる環境にしましょう。

（環境づくりのポイント）

1 感覚過敏への対応は細やかに

気持ちが不安定になる春は特に、安心の土台が揺らぐことで感覚過敏の症状が強く出る場合があります。ざわざわした不快な刺激を避けられる職員室で過ごせるようにする、子どもが安心できるものを用意するなど、気持ちが落ち着く環境を整えましょう。

2 〝いつもと同じ〟環境で安心を

環境の変化に弱い子は、少しの違いにも敏感になります。たとえば、くつ箱の位置が変わるだけで登園を嫌がる場合も。くつの置き場所は進級後も同じ位置にするなど、必要なところ以外は変えないようにして、できるだけ〝いつもと同じ〟環境を保ちましょう。

3 変化を楽しめるしかけを

進級時、前年度からの環境がどうしても変わってしまうところには、子どもの好きなものを取り入れた楽しいしかけを工夫してみましょう。

見通しがもちにくく新しい環境が苦手な子どもでも、楽しい変化や興味のあるものなら受け入れやすくなります。

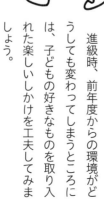

IDEA 1

置く場所がひと目でわかる

マイスペース&足形シート

支援が必要な子どものくつの置き場所は、目につきやすいくつ箱の四隅がおすすめです。ビニールテープで囲むと、さらに見つけやすく。「ここにくつを置く」ことを示すため、足形を貼りましょう。

イラスト素材 P.74

探しやすいね！

あなたの園の実践見せて！

顔写真でわかりやすく

「自分の場所」が決まっているくつ箱や席には、顔写真を。マークよりも直感的に理解しやすいです。

小金井なないろ保育園（東京都）、太陽の子保育園（東京都）

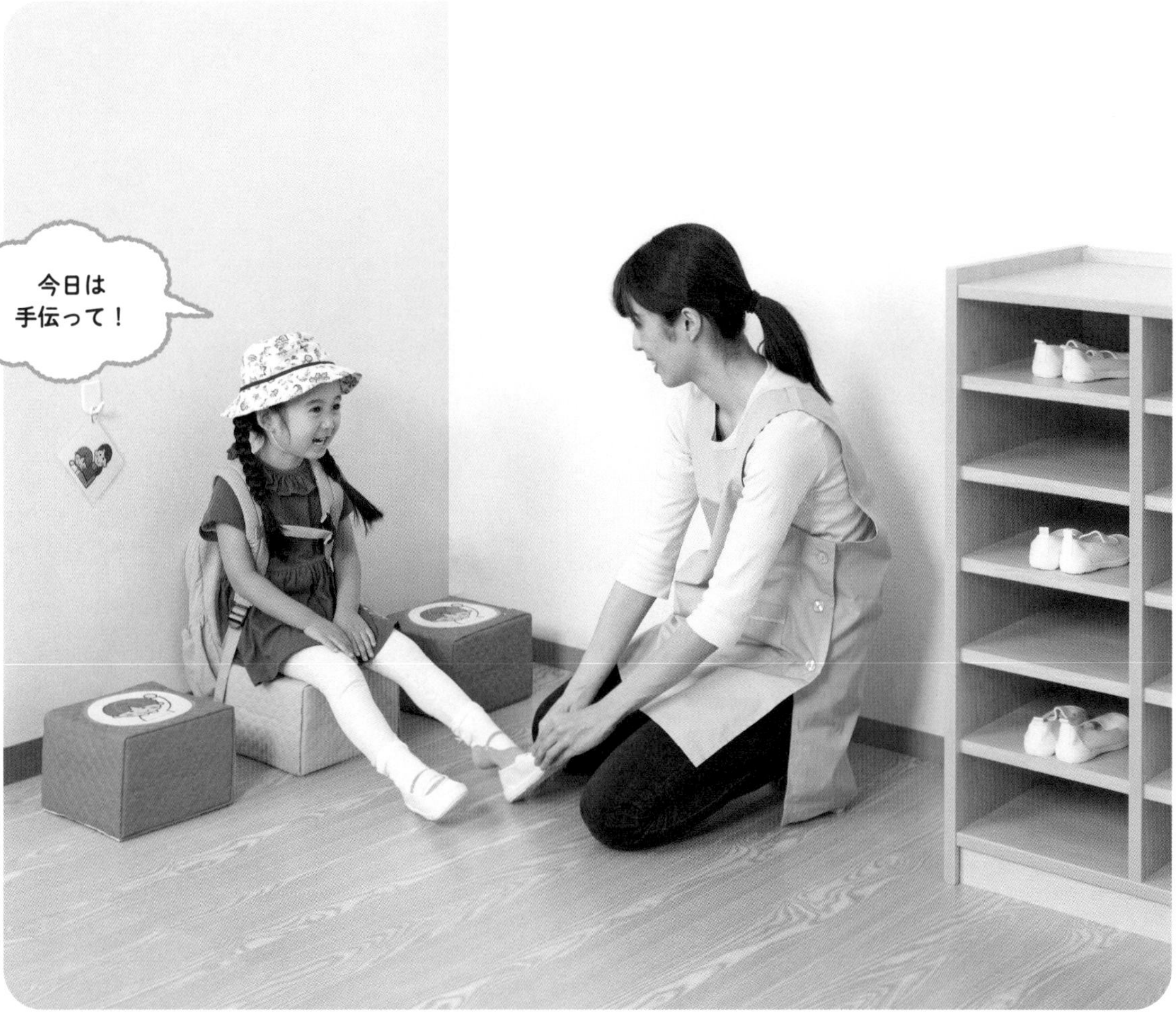
今日は
手伝って！

IDEA 2

気持ちを伝えられる
おたすけベンチ

イラスト素材 P.74

くつ箱の近くにいすがあると、座ってゆっくりくつを履き替えられます。ことばでなくても、「手伝ってほしい」「自分で履きたい」の意思が伝えられる2種類のいすを用意。「手伝って」のいすに子どもが座ったらすかさずサポートを。

手伝って
ほしい
自分で
履きたい

イラストを恥ずかしがる場合は、イラストをはがし、「手伝ってほしいときは緑色に座ってね」とルールを設けても。

※作り方は、P.74に掲載しています。

ベンチと一緒に使える

手伝ってカード

ベンチと同じイラストの絵カードを手の届く場所に掛けておき、「手伝ってほしいときに渡してね」と伝えても。

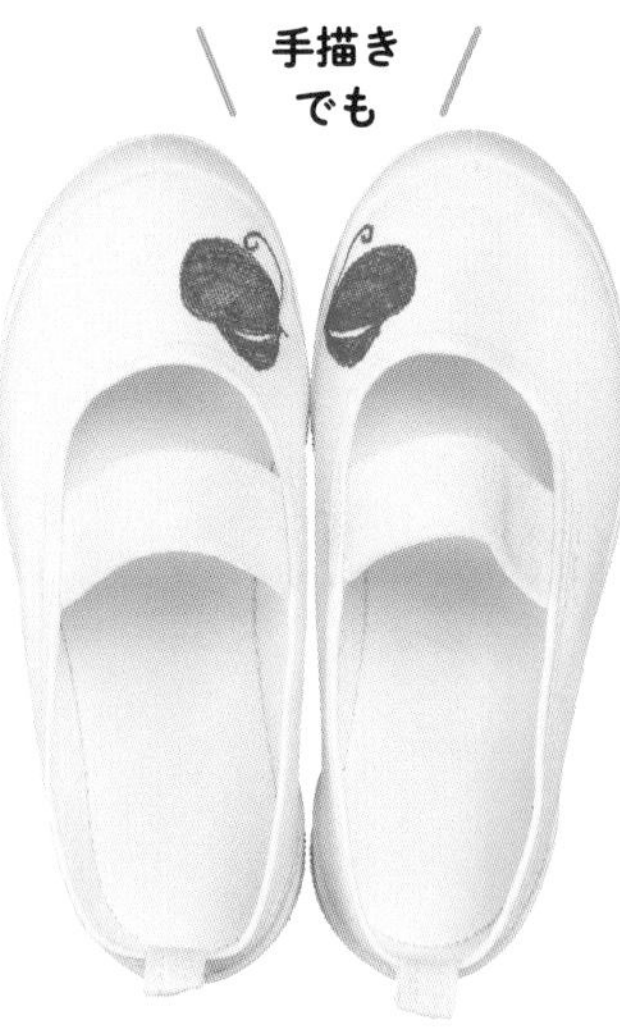

IDEA

3

左右を間違えやすい子に

絵合わせうわばき

市販のシールやイラスト入りのインソールを活用できます。子どもの好きな絵柄にすると、モチベーションアップにも。手描きでもOKです。保護者と相談して用意しましょう。

IDEA

4

引っ張る力が弱い子に

リング付きうわばき

指先の力の弱い子は、かかとをうわばきに入れるのに苦戦することがあります。金属製のリングを付け、引っ張りやすくしてみましょう。リボンやひもより、力を入れやすい金属製のリングがおすすめです。

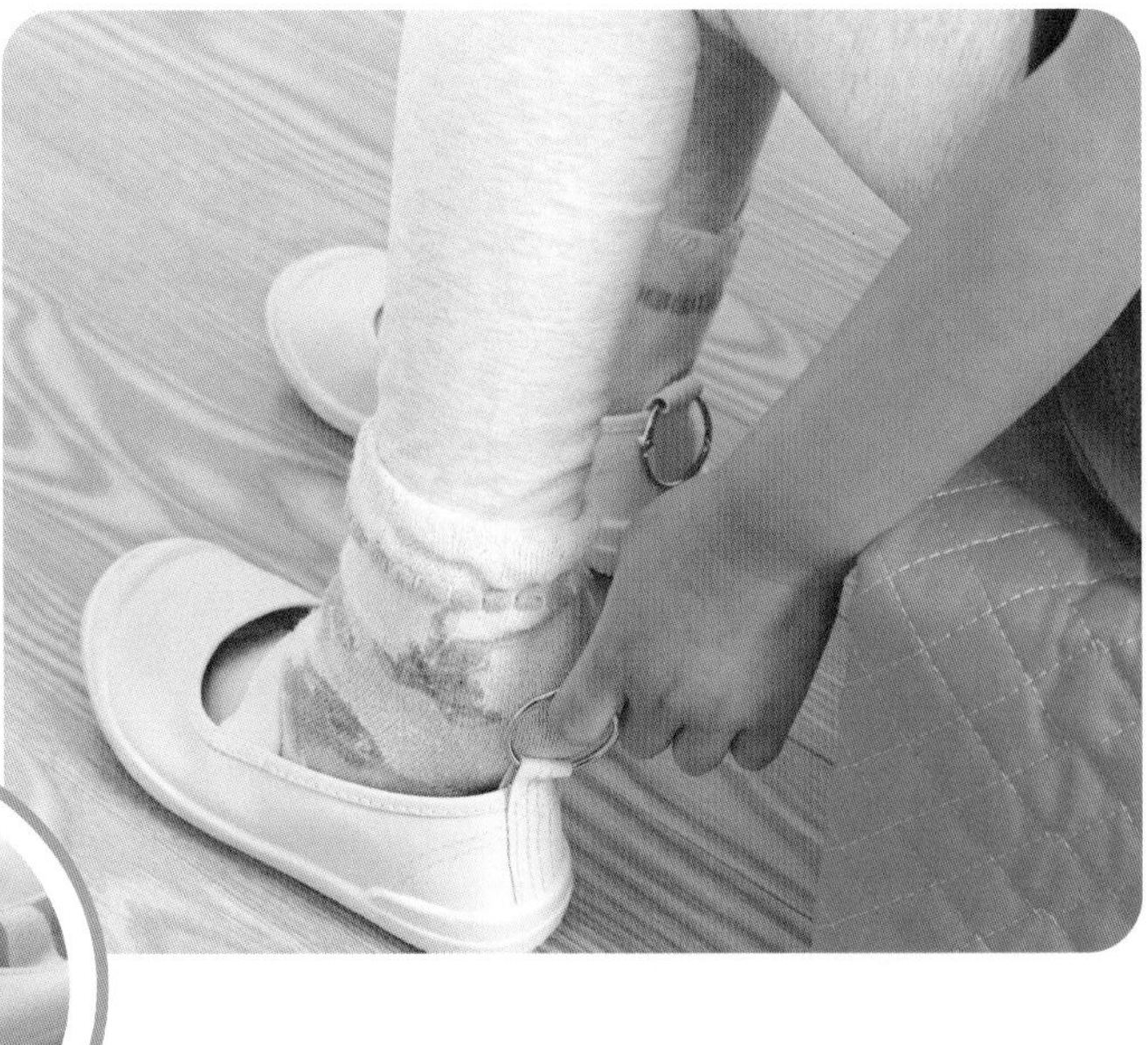

IDEA

5

廊下がミニ遊園地に

足形ステップ

廊下にラミネート加工した足形を貼って、「けんけんぱ」の要領で、あそびながら保育室まで行けるようにします。足形に沿って進むうちに、いつの間にか楽しく保育室に到着。

イラスト素材 P.75

始発駅は玄関

子どもが登園したら、保育室行きの切符を渡す。

目的地は保育室

回収箱を用意。「到着〜」など盛り上がることばかけも。

IDEA

6

電車好きな子のテッパン

お部屋行き切符

朝、「おはよう!」のあいさつとともに切符を受け取って保育室へ。電車などの乗りものが好きな子どもに、特におすすめのアイデアです。トイレやホールなど、行き先を変えて活用できます。

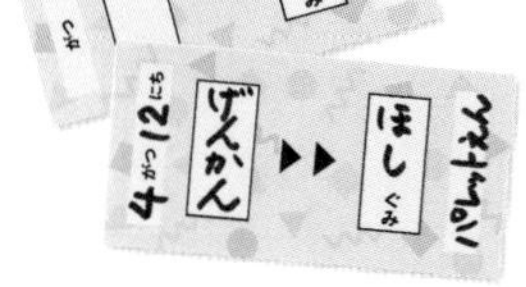

イラスト素材 P.74

IDEA 7

ルーティン化して安心

玄関からお楽しみラリー

登園後いきなり保育室に入るのではなく、たとえばこのページのように、好きなあそびで徐々に緊張をほぐしていけるようにします。楽しくあそびながら朝の支度が完了。リュックを背負ったままでもOKです。

STEP 1

today?

光るコマを回す

玄関であそんでもOK！
登園後まずは、好きなおもちゃでひとあそび。

STEP 2

そらいっぱいの

お気に入りの絵本を読む

保育室まで行く途中の絵本コーナーで、好きな絵本を読む。

STEP 3

today?

シールを貼る

保育室に入って、シールを貼って楽しい気持ちに。

STEP 4

リュックと帽子をしまう

ロッカーがゴール。楽しみながら支度が完了。

お楽しみラリーの行程シート

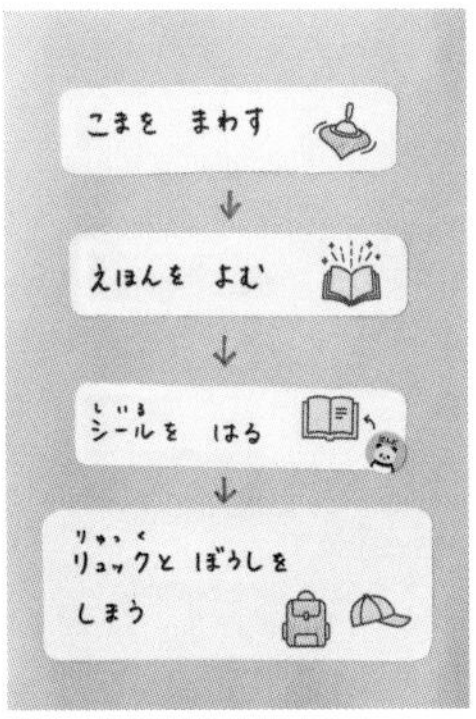
こまを まわす
えほんを よむ
シール《しいる》を はる
リュック《りゅっく》と ぼうしを しまう

見通しがもてるよう、行程を文字や絵で示して。

IDEA

8

専用安心ボックス

持ち運びOK！

手触りのよいものや光るもの、パチパチ叩く感触が落ち着く電卓など、子どもが安心できるグッズをひとまとめにしてかごなどに入れます。玄関に置き、登園後、それらであそんでリラックスしてから保育室へ。いつでも好きな場所に持ち運べるのがポイントです。

光るコマ
スクイーズ
ふわふわグッズ
電卓
スライム

IDEA

9

パーソナルテント

ホッとひと息

登園後、ひと息つけるよう、玄関にひとりで過ごせる場所を用意。テントを広げるほどのスペースがなければ、パーテーションで区切るだけでも。玄関で休んでから保育室に向かいましょう。

ぼくだけの場所だよ！

IDEA

10

登園できればＯＫ！　支度はパス

ぽいぽいＢＯＸ

登園や散歩の後の身支度に時間がかかる子には、荷物の一時置き場を用意。支度につまずいて時間をかけることなく、次の活動に移れます。荷物は後で保育者が片づければＯＫ。

登園だけでなく
降園時も

魔法のじゅうたん

気持ちが切り替えられず、スムーズに降園できない子は、玄関でおむかえを待って。時間が近づいたら「シート敷くよ」と声をかけます。パズルや絵本など、切り上げやすいあそびも一緒に用意するとgood。

IDEA 11

2ステップスタート

中身は全部テーブルへ

ロッカーの横にテーブルを置き、朝の支度を①リュックの中身を全部テーブルに出す、②リュックをロッカーにかける、の2工程に。支度を自分ですることにこだわらず、ストレスなく園生活を始めることを優先します。

STEP 1

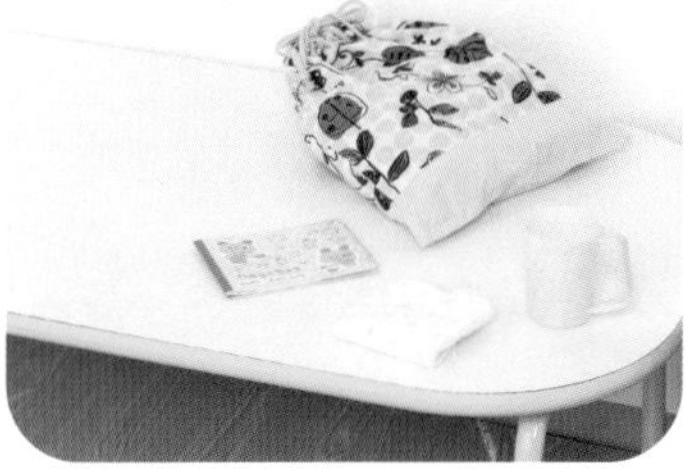

子どもがテーブルに
出したものは、保育者が
所定の位置に移動させて

STEP 2

IDEA 12

ベストポジションロッカー

好きな色を目印に！

クラス全員の荷物がずらりと並んだロッカーでは、一番奥、一番手前など端の位置だと、自分の場所を認識しやすいです。棚の底板にその子の好きな色の画用紙を貼ると、よりわかりやすくなります。

ロッカーの上に、製作物や備品を
置かないようにしましょう。
目に入る刺激は最小限に

その子の
好きな色に！

あなたの園の実践見せて！

自分の場所は、顔写真ですぐわかる

自分の持ち物の場所がどこか、ひと目で判断できるように、子どもの顔写真を貼っています。マークと違い、「このマークは誰？」と考えなくても直感的にわかり、友だちと間違えることもありません。

太陽の子保育園（東京都）

ロッカーのそばに「ずぼん3まい」などと、中身を絵で掲示することで理解が進み、自分で持ち物を点検できます。

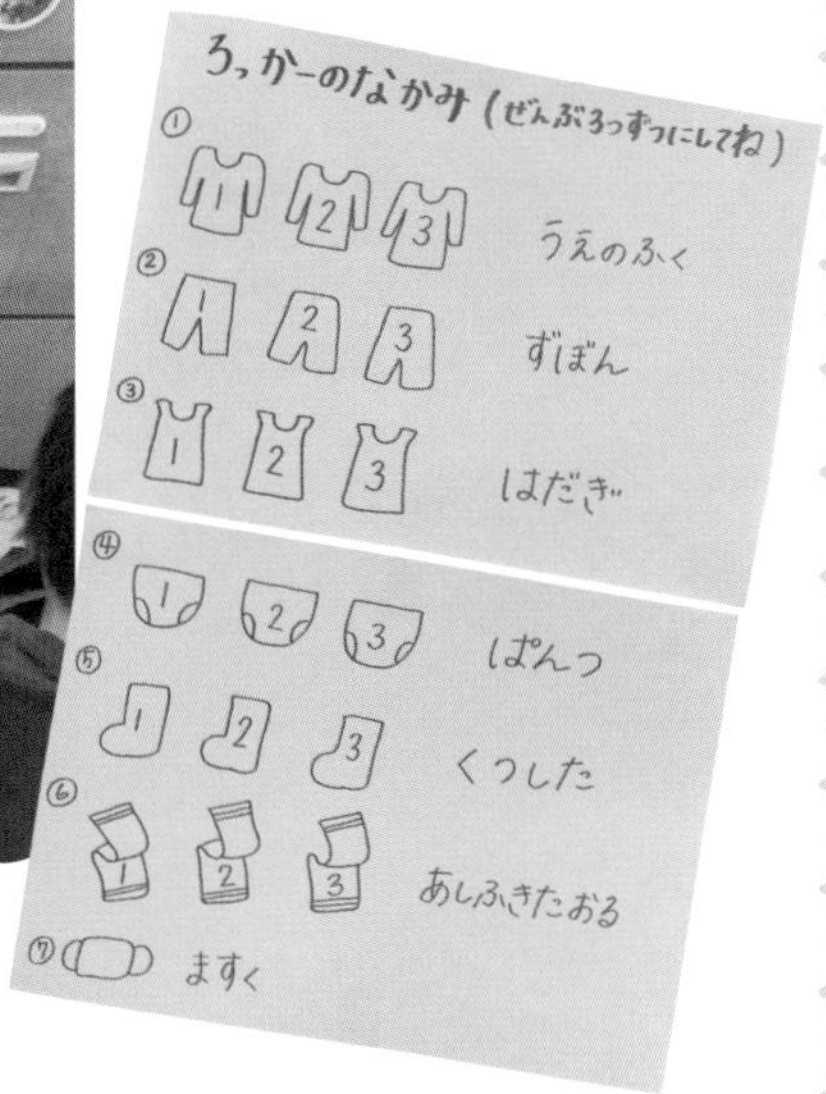

「終えたらはがす」が楽しみに

支度がひとつ終わるごとにカードを自分ではがしていきます。はがして箱に入れる楽しみが、やる気アップに。

多古こども園（千葉県）

あなたの園の実践見せて！

空間を分けて混乱予防

落ち着いて支度に集中できるように、支度エリアと活動エリアとの境に棚を設置。支度中の子があそんでいる子に気をとられることを防いでいます。マットを敷くことでも、支度場所だとわかります。

太陽の子保育園（東京都）

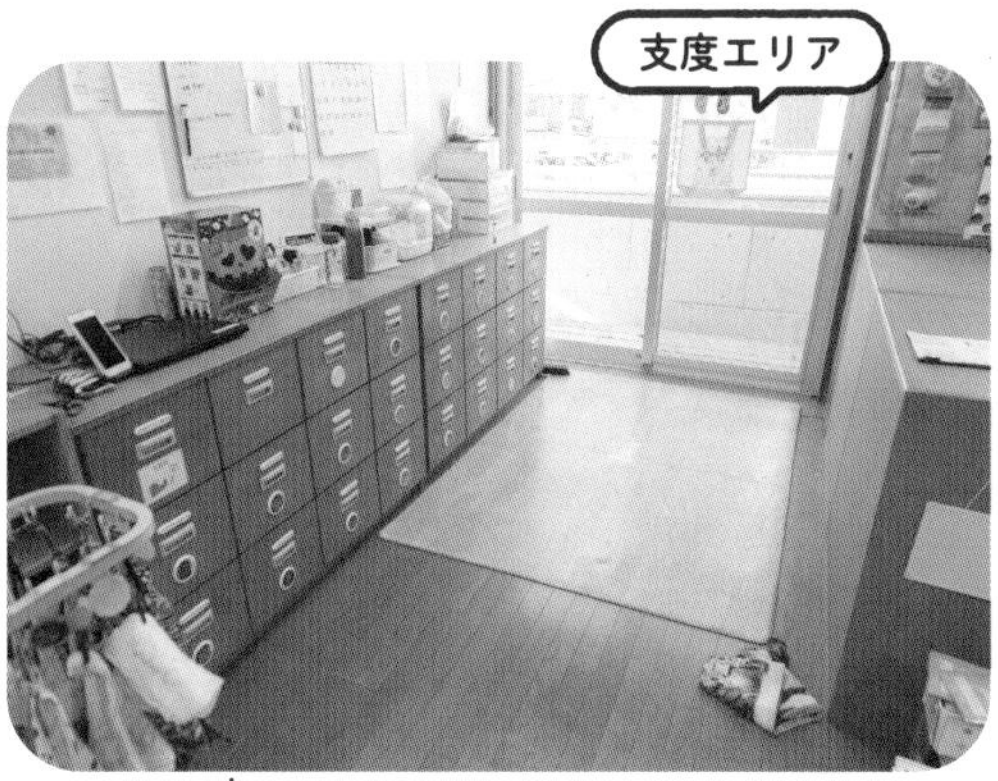

支度エリア

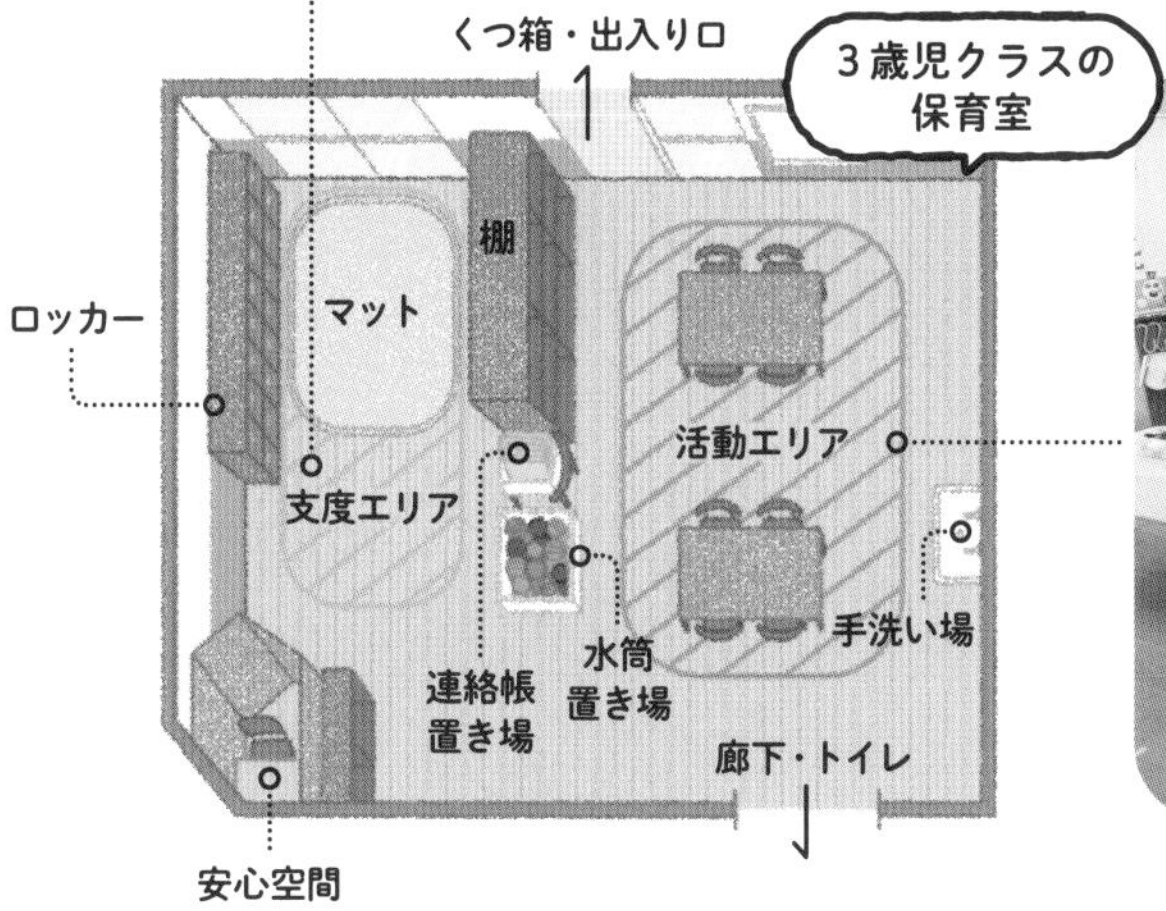

くつ箱・出入り口
3歳児クラスの
保育室
ロッカー
マット
棚
支度エリア
活動エリア
連絡帳
置き場
水筒
置き場
手洗い場
廊下・トイレ
安心空間

活動エリア

時間と活動の見通しを

1日の流れがわかると安心する子も。発達に応じて、数字で順番を表記したり、タイマーや時計を使ったり。

多古こども園（千葉県）

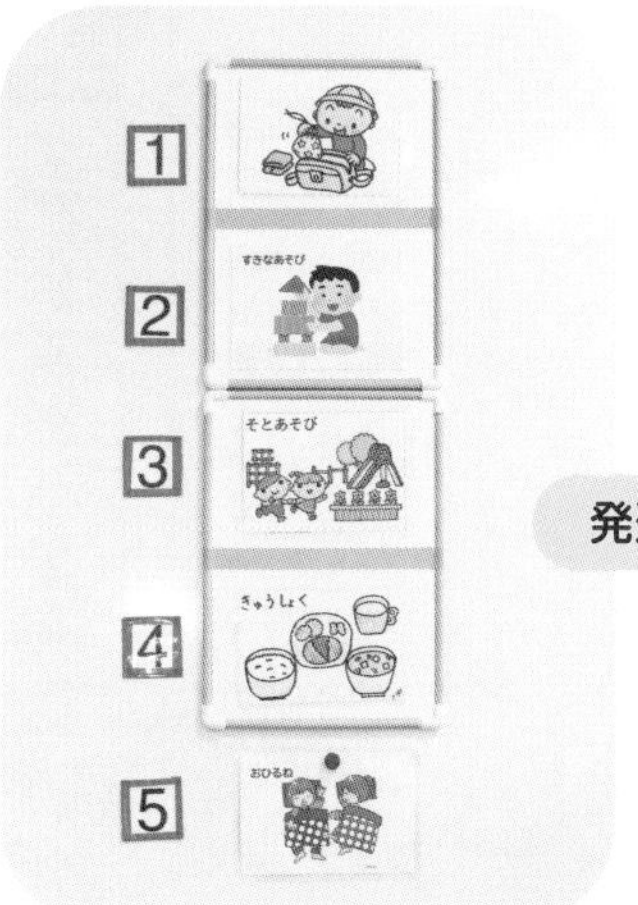

1
2
すきなあそび
3
そとあそび
4
きゅうしょく
5
おひるね

発達に合わせて

赤い部分が狭まって
残り時間がわかる
タイムタイマー

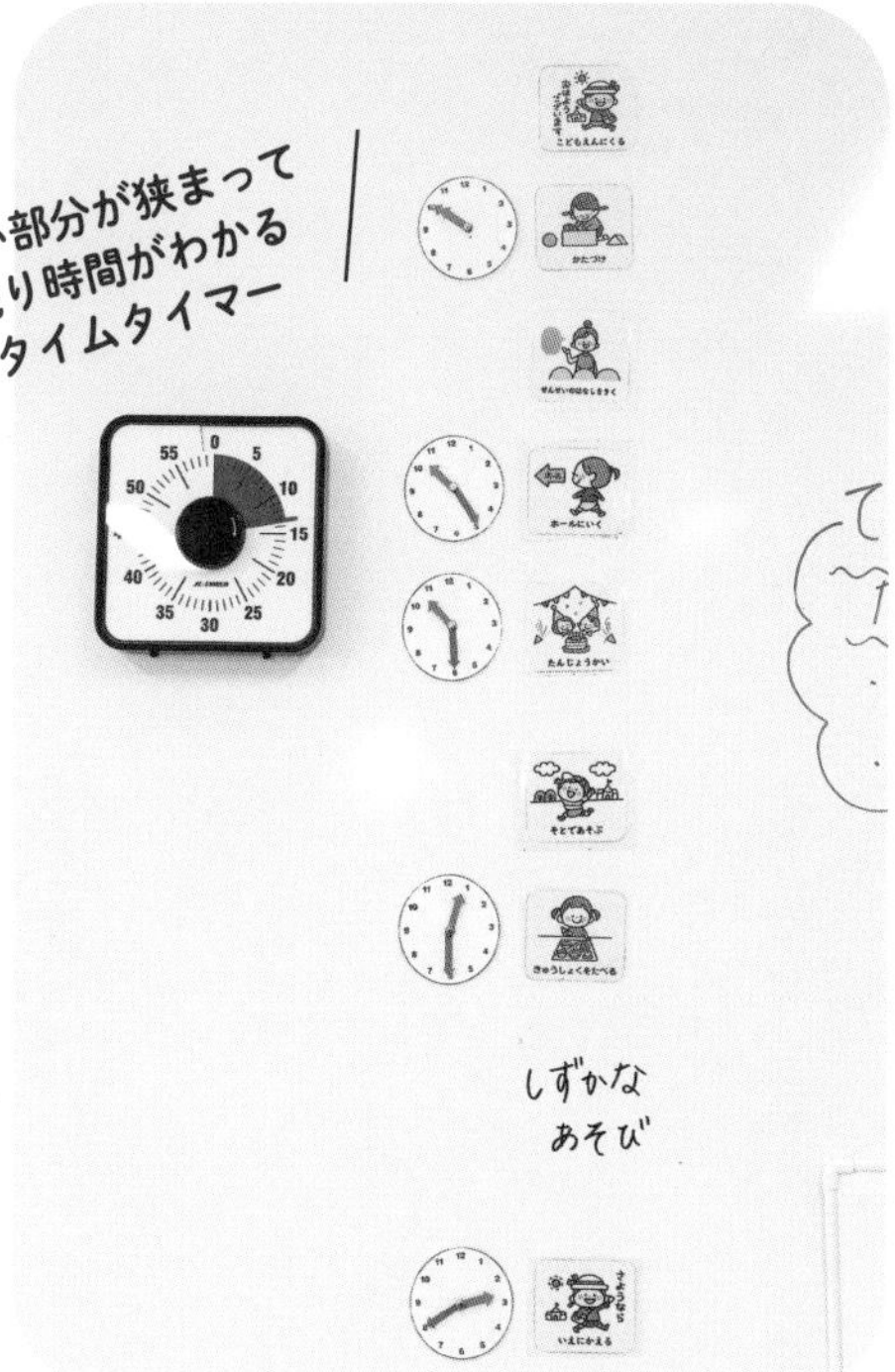

こどもえんにくる
かたづけ
ホールにいく
たんじょうかい
そとであそぶ
きゅうしょくをたべる
しずかな
あそび
さようなら
いえにかえる

着替え

物事のプロセスを順序立ててとらえることが難しい子どもにとって、着替えは混乱する場面です。何を行うのか・行う手順がわかりやすい環境を目指しましょう。

環境づくりのポイント

1 自分のペースで集中できるスペースを用意

周囲のものや友だちの動きが気になると、行動がストップする子もいます。

そこで、自分のペースで支度ができる、落ち着いて着替えられる場所の用意を。また、いつも同じ場所で着替えることで、「ここに来たら着替える」ことが、わかるようにしましょう。

2 着替えがスムーズになる手だてを

ロッカーから衣類を出して着替え、脱いだ衣類をしまうなど、着替えの行為は、段取りも手順も複雑で、子どもにはストレスになることもあります。

子どもが迷わずに着替えられるよう、絵や写真で手順を示して。

IDEA

13

お着替え絵カード

数をしぼってわかりやすく

順番を確認しながら着られるように、手順がわかるカードを掲示します。みんなで使えるように、保育室の見やすい場所に貼っておきましょう。手順は年齢の数にすると理解しやすいでしょう。

イラスト素材P.76

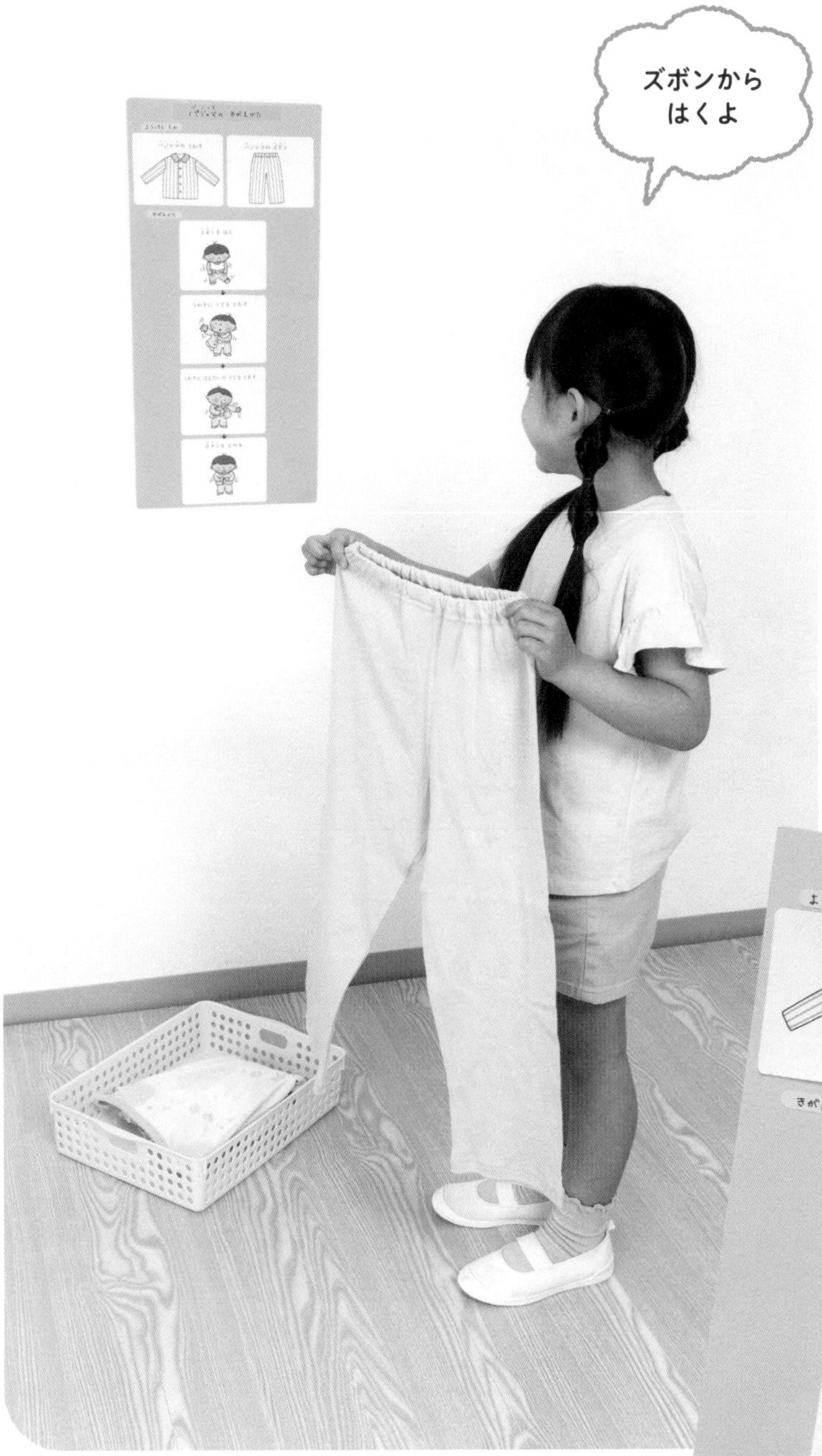

IDEA

14

イラスト付きインデックス

ひと目でわかる

洋服のストックは、かごや仕切りを使って種類ごとに分類できるようにしましょう。イラストがあると、しまう場所がわかりやすくなります。

イラスト素材 P.76

かごに仕切りとイラストを付けて、入れる場所を明確に

IDEA

15

目隠しパーテーション

気になる刺激をシャットアウト

気が散りやすく、友だちと一緒に着替えるのが難しい子は、視界を遮る仕切りがあると落ち着きます。圧迫感がないように、身長くらいの高さのものを用意して。

使うときに取り出せる折りたたみ式が便利

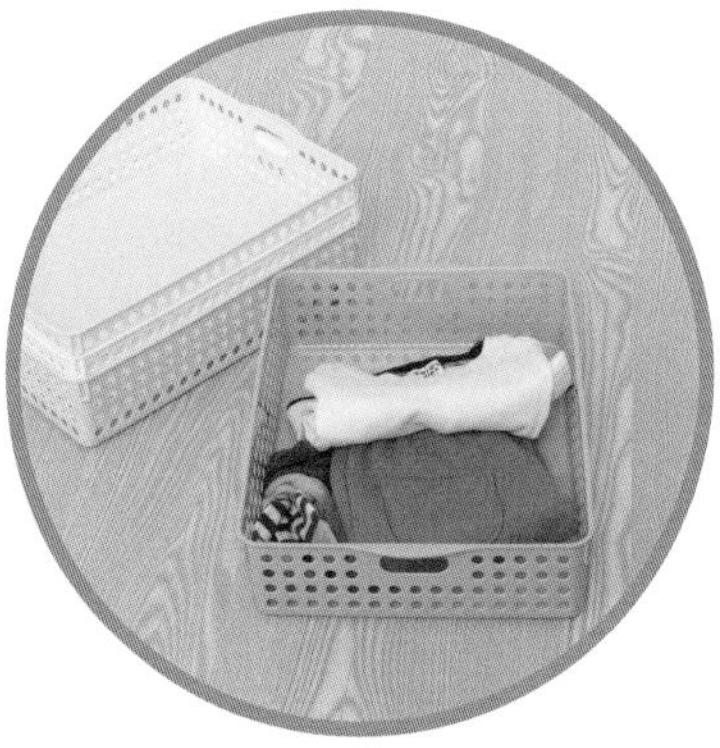

着替え一式をまとめて

騒がしい場所では着替えに集中できない子も。好きな場所に移動して着替えられるように、洋服を入れるかごを用意して。

IDEA

16

自分のスペースを確保

レジャーシート作戦

複数人で一斉に着替えるのが難しい子や、自分のペースで落ち着いて着替えたい子には、ひとり用レジャーシートを敷いて、スペースを確保するとよいでしょう。

おてつだいします

IDEA

17

保育者が積極的に手助け

お手伝いしますカード

子どもの「手伝って」を待つのではなく、保育者から「手伝うよ」とアピールするカード。苦手なことを手伝ってほしい子どもが声をかけやすく、次の活動にも進みやすくなります。

イラスト素材
P.77

先生
手伝って！
おてつだいします

トイレ

子どもがトイレに行けないとき、その理由はさまざまです。何が原因なのか、子どもの表情や行けないときの周囲の状況などをよく観察し、気持ちよくトイレに行ける、自分から行きたくなるような環境をつくることが大切です。

（環境づくりのポイント）

1 手順や程度をわかりやすく

トイレの手順を覚えるのが苦手で、何からどうすればよいのか混乱する子、ズボンのおろし方や水の流し方がわからず不安になる子がいます。

トイレの使い方がひと目でわかる絵カードなどを見やすい場所に貼り、安心して用をたせる環境に。

2 苦手な刺激を減らす

閉鎖的な空間に恐怖を感じる、感覚が過敏で流水音やにおいが不快、スリッパが肌に触れる感触や便座の冷たさが苦手な子どもがいます。また、友だちの話し声や雑音を嫌がる場合も。

それぞれの苦手な刺激を軽減する手だてで、不快感を和らげましょう。

3 トイレを楽しい場所に

苦手な理由はさまざまですが、その理由に関わらず、「苦手な場所」だという思いがあると、自分から行く気にはなれません。

子どもを環境に合わせようとするのではなく、行きたい、行ってみようかなと思えるしかけを考えてみましょう。

IDEA 18

次に何をするか混乱する子には
トイレ絵カード

次に何をするか混乱する子や、一連の動作を覚えるのが苦手な子には、手順を一つひとつ示すのがポイントです。「まずはこれ」「できた！」と確認できると、安心して次に進めます。

イラスト素材
P.77

ズボン《ずぼん》を おろす
べんきに すわる
かみを ちぎる
おしりを ふく
ズボン《ずぼん》を あげる
みずを 1かい ながす

見通しがもてるポスタータイプ

流れが把握しやすいよう、一列に並べて。動作を行いながら見やすい場所に貼る。

1工程ずつに

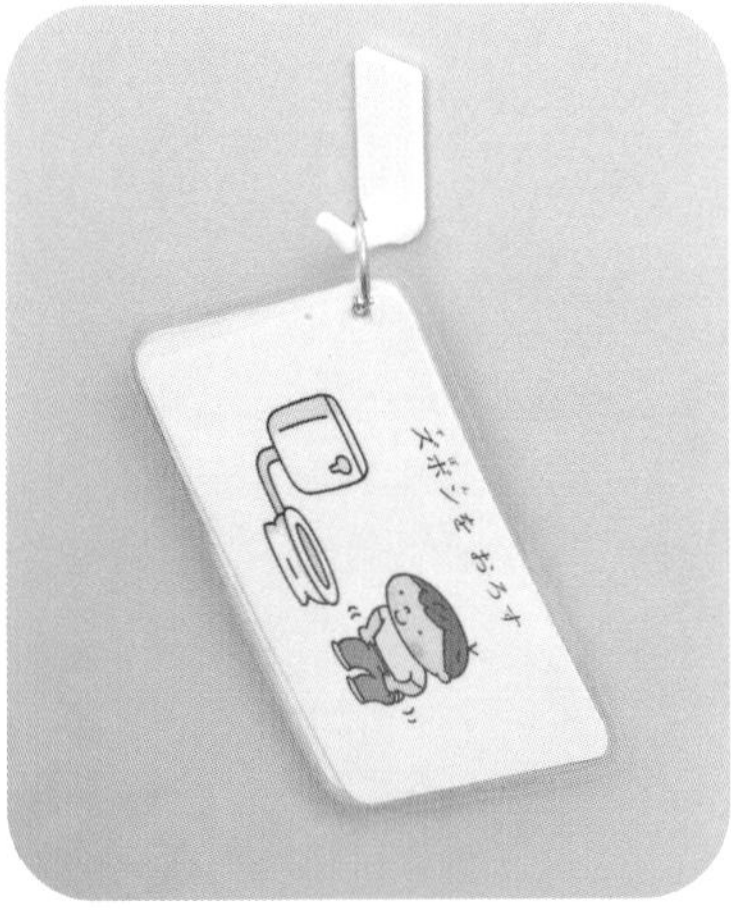
ズボンを おろす

リングでまとめるめくりタイプ

情報が一度に入ってくると混乱する子には、１工程ずつ確認できるように。

工程を減らして

かみを ちぎる
おしりを ふく
ズボン《ずぼん》を あげる
みずを 1かい ながす

理解に合わせてカードの増減を。保育者が手伝う場合、最後は子どもが行って達成感を味わえるように。

IDEA

19

イヤーマフ＆マーク

流水音や騒がしさが怖い子に

聴覚が過敏な子に、トイレの流水音は強い刺激。換気扇の音や友だちの話し声などのザワザワした雑音が苦痛となることもあります。イヤーマフを使い、苦手な音を遮断して刺激を軽減しましょう。

使い方がわかるイラストとともに個室の扉に用意する

イラスト素材 P.77

IDEA

20

肌触りのこだわりに合わせて

素材を選べるスリッパ

スリッパがペタッと足の裏に触れる感触に違和感をもつ子も。肌触りの違うものを用意して、選べるようにするとよいでしょう。子どもが好きなイラストを貼って認識しやすく。

イラスト素材 P.78

スリッパの位置はビニールテープで囲むとわかりやすい！

つるつる

ふわふわ

IDEA

21

トイレの目的を楽しく変換

会いに行きたくなる動物カード＆マーク

トイレを「好きな動物に会える場所」に発想転換。同じイラストを2枚用意して1枚はトイレに、もう1枚は子どもがトイレに行く意思を伝えるカードに。カードは、保育者が誘うときに使っても。

イラスト素材
P.78

ねこに
会いたいです

IDEA

22

"みんなで協力"が意欲になる

お楽しみ大作戦

トイレに行ったら凡天をひとり1個びんに入れます。びんがいっぱいになったら保育者が絵本の読み聞かせをするなど、ちょっとしたお楽しみを用意して。クラス全員で行うと、ゲーム感覚で楽しめます。

もうすぐ
いっぱいに
なる！

IDEA

23

ヒヤッとするのを防ぐ

あったか便座カバー

触覚が敏感な子どもは、冷たい便座との接触を嫌がることがあります。また、硬い質感に抵抗感をもつことも。そのようなときは、便座にカバーをつけるだけで不快感が緩和されます。

IDEA

24

「できた！」の達成感を味わえる

がんばったねカード

トイレに行ったらシールを1枚貼ります。1日に行く回数に応じてシールの枠の数を調整して。キラキラシールや子どもの好きなシールを用意して意欲アップ。

イラスト素材 P.78

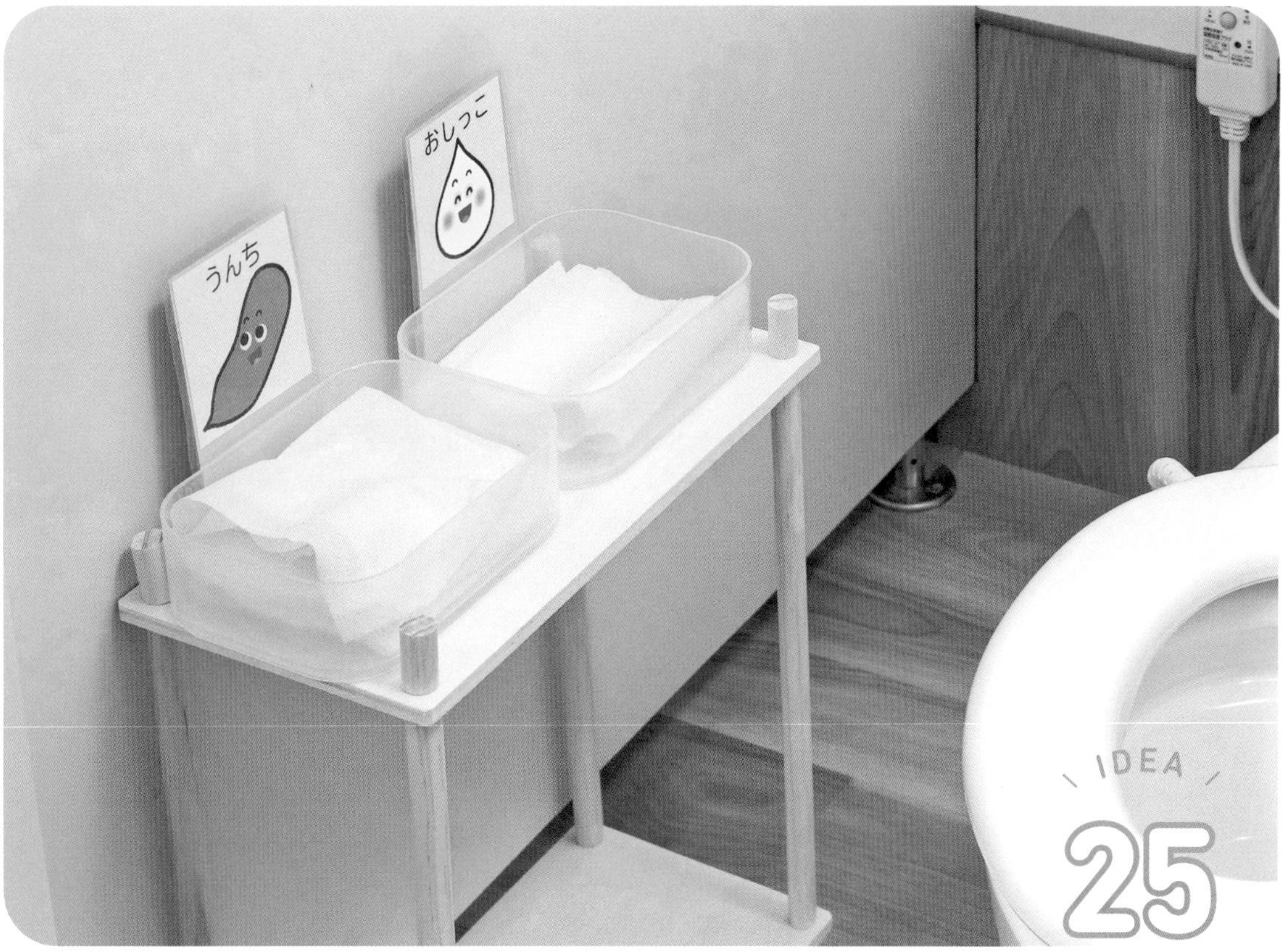

IDEA 25

紙を使いすぎる子に

うんち・おしっこ別ペーパーBOX

イラスト素材 P.78

使うトイレットペーパーの適量がわからない子がいます。短すぎればうまく拭けず、大量に使って流せば、トイレが詰まることも。また、引き出すときのカラカラという音が楽しくてやめられない子もいます。

　そこで、用途別に適量の長さに切ったトイレットペーパーを用意してみましょう。適量がわかってきたら、次は保育者が見守り、子どもが自分で適量を引き出せるようにします。

嫌なにおいを軽減

香りのスプレー

　個室にアロマスプレーを吹きかけ、嫌なにおいを和らげて。スプレーは、精製水25mLあたり精油１～３滴を混ぜ合わせて作ります。100%天然オイルを選びましょう。オレンジ系の香りが人気。

トイレの個室にその子の好きな香りをスプレー

あなたの園の実践見せて！

スムーズに使えるように動線を整理

狭い空間に人が集まるトイレは混雑しやすく、パニックになる子も。ラインを引き、その左は個室、右は男児の小用と、廊下に並ぶところから動線を分けています。脱ぎ履きで混乱しないよう、スリッパの位置に足形を貼って。

太陽の子保育園（東京都）

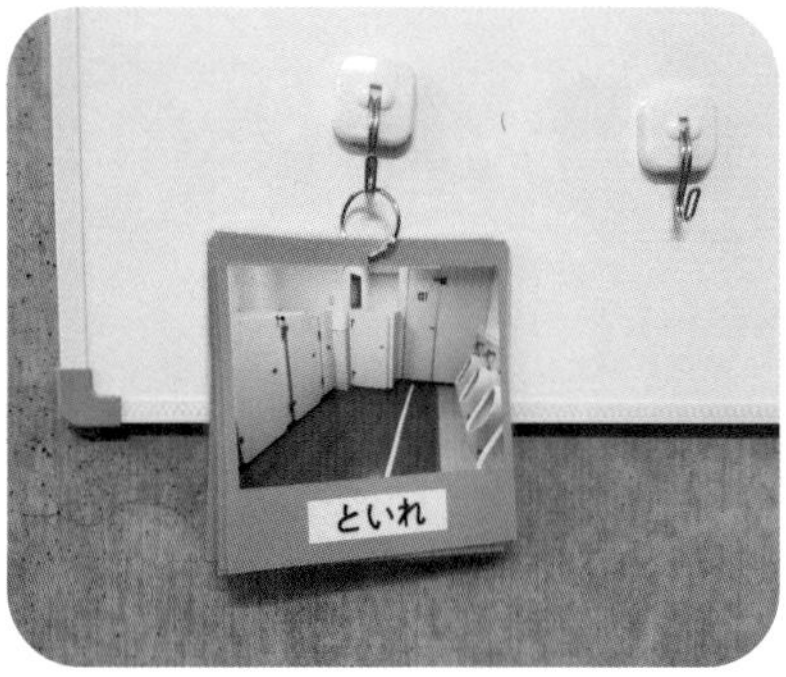

保育室にあるめくり式手順表でトイレの工程を確認したら、持ってトイレへ移動。入り口にカードをかけて中へ。終わったらまたカードをめくり、次の活動へと移ります。

「暗くて怖い」→「明るくて入りやすい」に

「トイレは怖い」など、足を運ぶことにつまずく子も。殺風景なトイレも、花のイラストを1枚貼って温かい雰囲気に。ほかにも、部屋の続きの感覚で入れるように廊下とトイレに段差を作らず、床面はフローリングにしています。

太陽の子保育園（東京都）

園舎の設計時に一番こだわったのがトイレの入りやすさ。トイレとは思えない明るくおしゃれな空間は、子どもたちに好評。

あおぞら保育園（東京都）

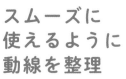

手洗い

発達に課題がある子どもは、手洗いを嫌がることが少なくありません。水が苦手、列に並ぶことができないケースも。理由に見当がついたら、苦手の克服ではなく、それを避けられる環境をつくりたいですね。

（環境づくりのポイント）

1 楽しく安心して待てる場に

じっとしていることが苦手、いつ自分の順番がくるのかの見通しがもてずに不安などの理由で、列に並んで待てない子どもがいます。ただ並んで待つのは、誰だって楽しくありません。

並ぶのが楽しくなるような工夫や、見通しがもちやすい工夫で、並ぶことが楽しくなる場所に変えましょう。

2 苦手なものは避ける

さまざまな苦手から、手洗いを嫌がる子どもがいます。それを無理強いするのは、子どもにも保育者にも嫌な気持ちが残ります。

ヒヤッとする水の冷たさが苦手ならポットにお湯を用意する、石けんの感触が苦手なら除菌シートや濡れタオルを利用しても。苦手を避けられる工夫をしましょう。

3 適度がわかるようにする

石けんを使いすぎたり、水を出しすぎたり、楽しくていつまでも手を洗っていたり……。

適量が出てくるオートソープディスペンサーを用意したり、手を洗う時間を視覚化したりなど、「適度」がわかる工夫をしましょう。

IDEA 26

並ぶのが楽しくなる

手洗いプレイパーク

イラスト素材 P.79

イラストを貼ったりマットを敷いたりして、手洗い場をプレイパークに変身させます。待つことが苦手な子のために、並ばずに洗える「ファストパスレーン」も用意。

ピョンピョン
うさぎ

ペタペタ
ペンギン

片足
ケンケン

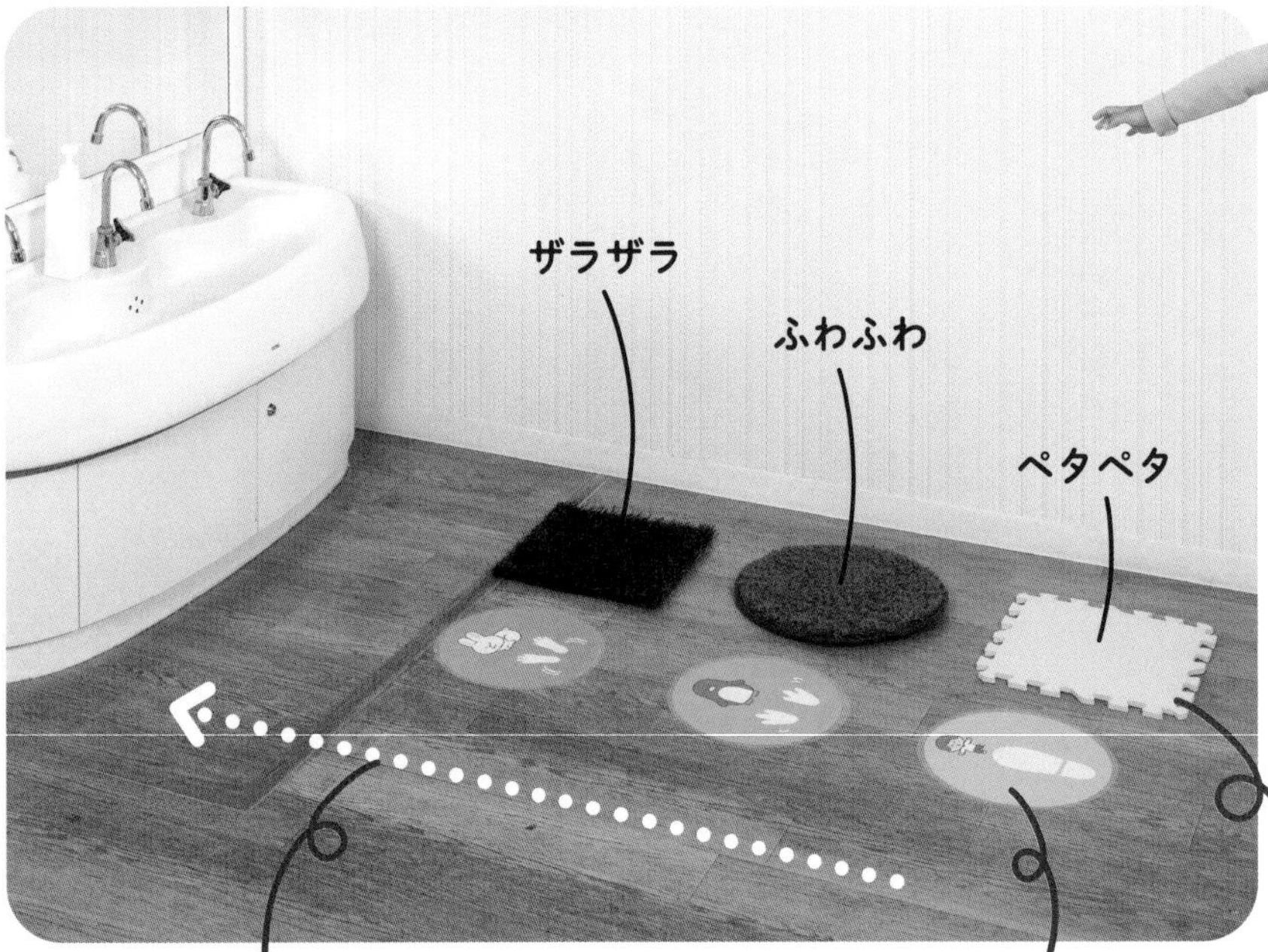
ザラザラ
ふわふわ
ペタペタ

ファストパスレーン

順番を待たずに進める、優先レーン。まるでテーマパークのようにワクワクしながら並べる。

まねっこ足あとレーン

マークに描かれたポーズをとりながら順番待ち。イラストはラミネート加工して貼る。

肌ざわり体験レーン

並ぶ位置にマットや人工芝を敷いて。順番を待ちながら足の裏で感触の違いを楽しむ。

ファストパスレーンで待たせない工夫を

並んで待つのが難しい子には、待たずに使える工夫を。「ファストパスレーン」の特別感で、いつの間にか列ができますが、みんなが楽しく待てるように。

IDEA

27

「あと何人?」がわかりやすい

待てるかな?マーク

残りの人数を示したマークを床に貼って、あと何人で自分の番かを確認できるようにします。見通しがもてると、安心して待つことができます。

イラスト素材
P.80

IDEA

28

ひねる蛇口が難しいなら

レバー式カバー

家庭ではレバー式が一般的な今、園のひねるタイプの蛇口をうまく使えない子どもがいます。便利グッズを活用すれば、子どもが操作しやすいレバー式に変えられます。

ワンタッチ蛇口レバー

はめるだけで簡単に取り付けOK。力の弱い子どもでも格段に使いやすくなります。

身につけたい動作は あそびのなかで!

蛇口をひねる手の動きは、手洗いのときではなく、ままごとなどのあそびのなかで身につけましょう。ふたを開閉する動作が、蛇口をひねる手の動きにつながります。

IDEA 29

水であそぶのを防ぐ

「おしまい」がわかる砂時計

水が好きな子どもは、手洗いがいつの間にか水あそびになることも。砂時計を置き、「砂が落ちきったらおしまい」と約束すれば、切り上げやすくなります。

あなたの園の実践見せて!

視覚的な支援で手洗いをより確実に

手洗い場には、イラスト入りの洗い方を掲示。手順が多く覚えるのは大変な子も、確認しながら洗えるようにしました。正しく洗えたらカードにシールを貼り、成果を可視化&モチベーションをアップ。

太陽の子保育園(東京都)

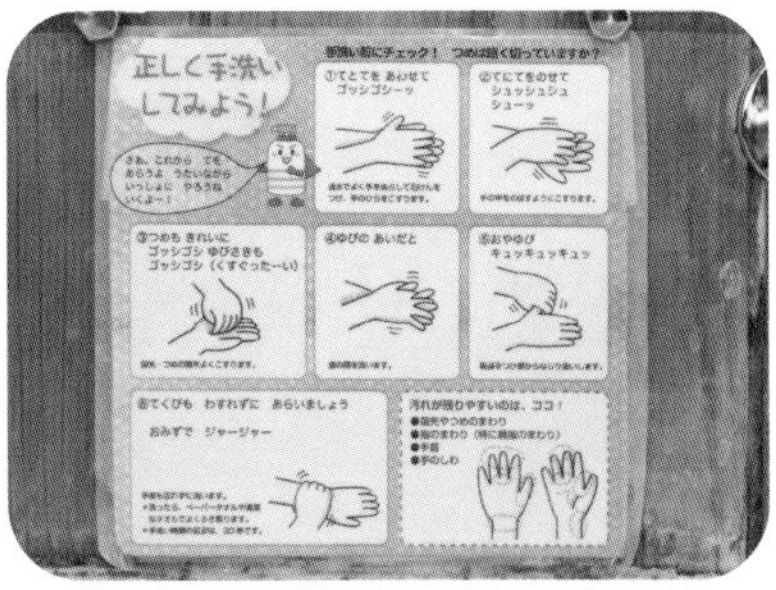

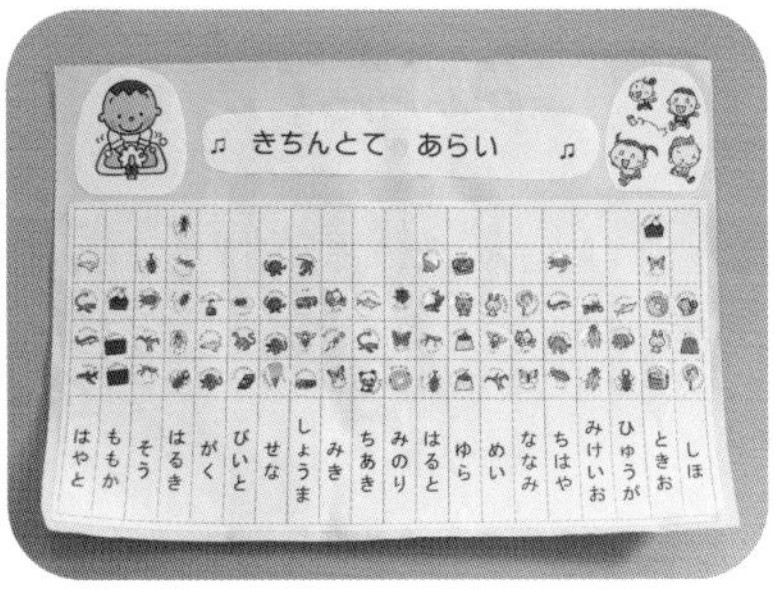

同年齢の子の手がわかりやすい

絵や大人の写真では伝わらなかった手順表。同年齢の子どもの写真にしたら、すんなり伝わりました。

安積町つつみ幼稚園(福島県)

食事

家では食べられるものが園では食べられない、友だちの分に手を伸ばすなど、園での食に課題を抱える子どもは少なくありません。保護者と情報を共有し、理由を探りながら、いろいろな視点から支援を検討しましょう。

（環境づくりのポイント）

1 座っていられる席の工夫を

食べることに気持ちが向かないと、じっとしていることが苦痛になり、もぞもぞ動いたり、立ち歩いたりする子がいます。

そのような場合、体に刺激を与えることで、落ち着いて食事ができる場合があります。いろいろ試してみて、その子に合う手だてを探しましょう。

2 目や耳からの刺激を和らげる

食べられない、食べようとしない理由が、味覚や嗅覚の過敏さからくるケースもありますが、視覚や聴覚からの情報が多すぎて、落ち着いて食事ができない場合もあります。

目に入るものや音の刺激を減らして、食事に集中できるようにしましょう。

3 「自分の食事」をわかりやすく

友だちの食事に手を伸ばしてトラブルになる場合もあります。

どれが自分の分なのかがわからない、「ひとりひとつずつ」が理解できないなどが理由で、わざとではありません。

自分の分を、目で見てわかるようにしましょう。

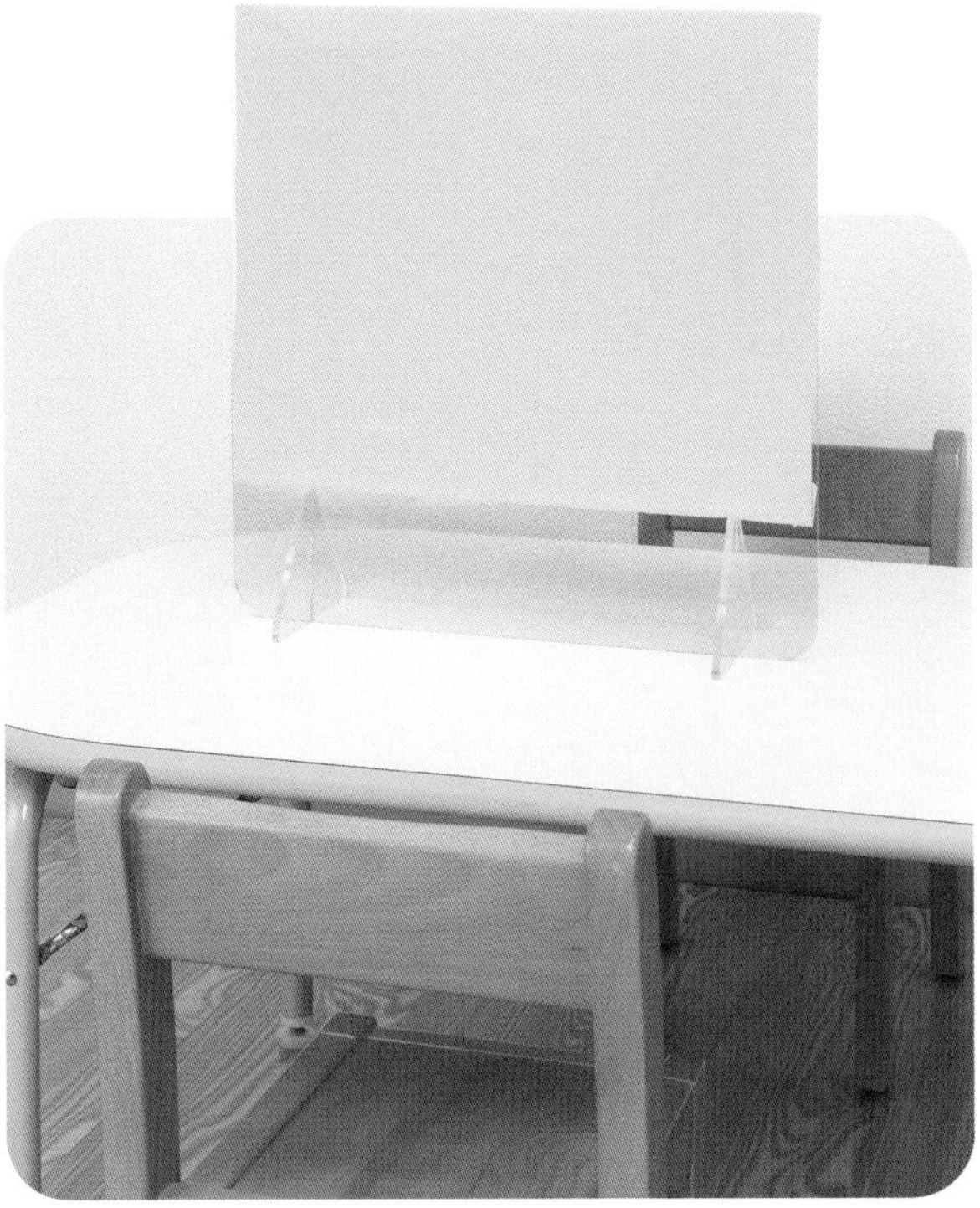

IDEA

30

視界をさえぎる

目隠しパーテーション

向かいに座っている子どもが気になる場合には、仕切り板に布をかけて目隠しをするとよいでしょう。視界はさえぎられますが、友だちの気配はあるので、孤独感や寂しさは軽減できます。

IDEA

31

静かに食べたい子に

遮音用イヤーマフ

食事中のざわざわした雰囲気や、食器と食具が触れ合うカチャカチャした音が気になる場合があります。聴覚が過敏な子はイヤーマフを使ってみましょう。壁に向かうと落ち着く子どももいるので、希望をきいて。

イヤーマフは、使いたい子がいつでも使えるように、保育室の壁にかけておくとよい。

IDEA 32

大テーブルのときは

ビニールテープの仕切り線

複数人でひとつのテーブルを囲む、トレーやランチョンマットを使わないといった場合は、ビニールテープを貼って仕切ります。線があることで、自分と友だちのスペースを意識できます。

ランチョンマットと異なり、テーブルをシェアする人数や、その日の献立によってスペースを調整できるのもポイント。状況に応じて仕切りましょう。子どもにテープの色を選んでもらうようにするのもおすすめです。

あなたの園の実践見せて！

絵カードで用意するお皿や位置を明確に

お皿や食具など、用意するものや並べ方がわかるように、絵カードで確認します。絵カードは和食時・洋食時が表裏に。

太陽の子保育園(東京都)

食べる前に、終わりの時間を確認。時計の横にあるタイマーの色で残り時間を把握。

配膳を待つ場所をわかりやすく並びやすく

トレーを持って並ぶ配膳タイムは、並ぶ位置を示して、「ぶつかり」を防げるように。距離が保たれるので落ち着いて並べます。

小金井なないろ保育園(東京都)

IDEA 33

カラーランチョンマット

お皿の位置を描いて消せる

絵柄を印刷した画用紙をラミネート加工したランチョンマット。コップと食具の位置に加え、油性ペンでお皿の位置を描き込みます。アルコールで拭いて消し、メニューに合わせて描きかえます。

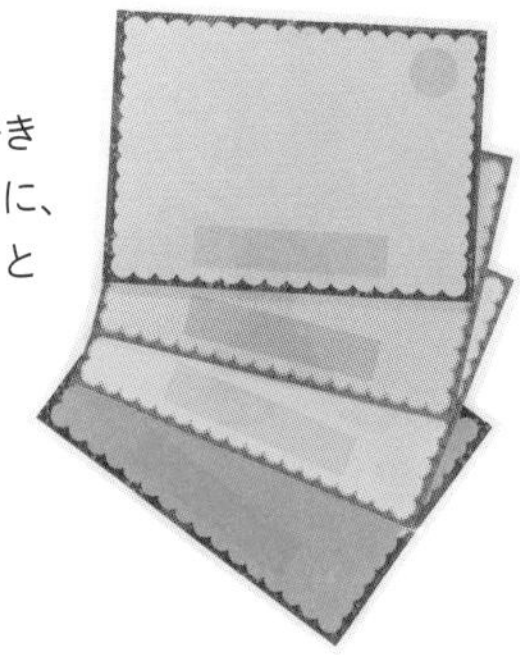

気分に合わせて好きな色を選べるように、何色か作っておくとよい。

イラスト素材 P.81

IDEA 34

幅広ゴムの足置き

ゴムの感触で安心する

いすの脚にかけた幅広のゴムを足首に引っかけたり踏んだりして、「足もち無沙汰」にならないようにします。立ち上がる際などに転ばないよう、ゴムはいすの脚の床に近い位置に。

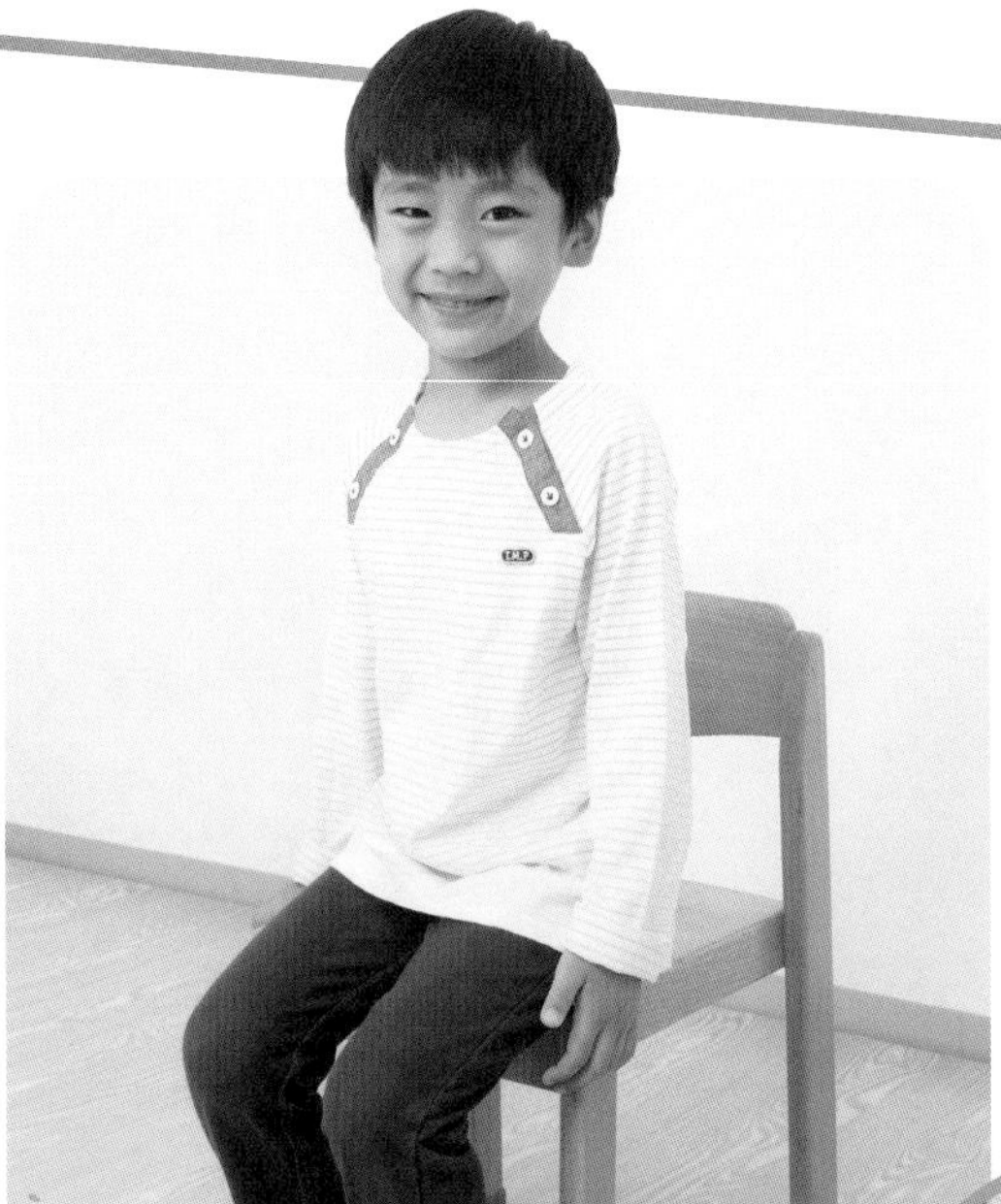

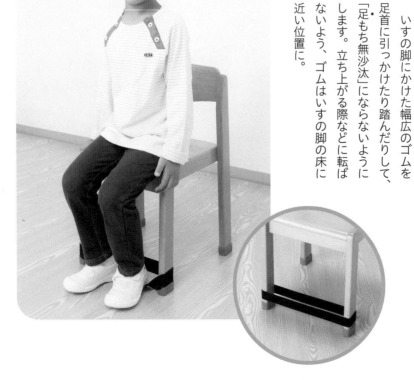

IDEA

35

重さで落ち着く
ペットボトルリュック

立ち歩きたくなる子は、水の入ったペットボトルを入れたリュックを背負ってみましょう。体に重さを感じることで安心感がもて、安定して座っていられる子もいます。

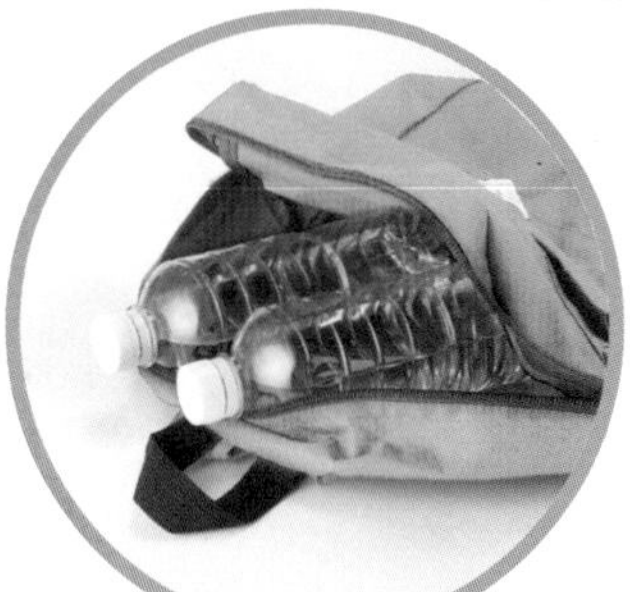

ちょうどよいと感じる重さには個人差があるので、ペットボトルの水量を調節して。

IDEA

36

ゴロゴロ刺激でクールダウン
スーパーボール座布団

じっとしているのが難しい子には、大きめの巾着にスーパーボールを入れた座布団を敷いてみましょう。ボールの刺激で安心でき、落ち着いて座れる場合も。スーパーボールの量は子どもに合わせて調節しましょう。

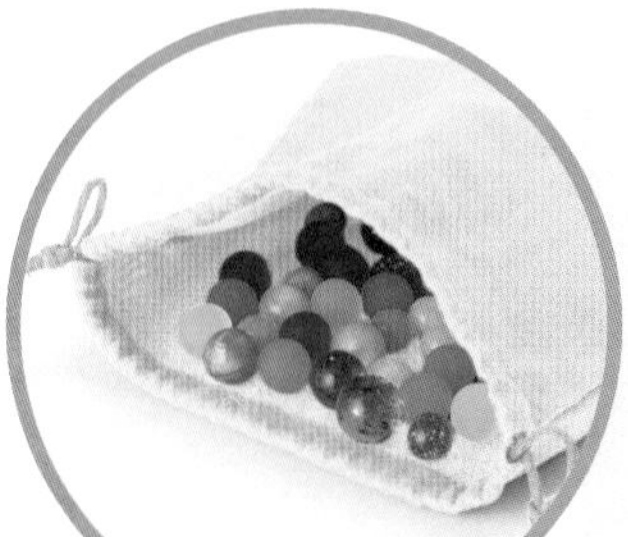

誤飲を防ぐため、スーパーボールの量を調節後、巾着の口を閉じて縫い付ける。

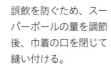

第2章

あそび

自由あそび

「何をしてもいい」「誰とあそんでもいい」
この自由な環境が、子どもによっては逆に
あそび出せない要因になります。年齢にこだわらず、
子どもの社会性の発達段階に応じた
あそび環境を整えることが大切です。

（環境づくりのポイント）

1 ひとりあそびを中心に 好きなあそびを見つける

どのようなあそびが好きなのか、何に興味をもっているのかを把握して、あそび出しやすいおもちゃやアイデアを、興味に応じて提案しましょう。保育者間で情報を共有して定期的に見直すことで子どものあそびの変化がわかり、成長を実感することもできます。

2 社会性の発達に合った 環境でトラブル予防

おもちゃや場所の取り合いなど、トラブルの原因は子ども自身にはなく、環境設定が社会性の発達段階に合っていないから。「自分のもの」「人のもの」と公私の認識ができていない子どもが平行あそびをするとトラブルになります。社会性の発達に合わせ、あそびのコーナーを分けましょう。

3 人的環境でもある保育者が 一緒にあそぶ

ブロックが目の前にあっても、砂場に誘われても、あそび方がわからない、何を作るか思いつかなければあそびは広がりません。

保育者が一対一で関わり、あそび方のモデルを示したり、イメージが湧くような設定を用意して、あそびを支援しましょう。

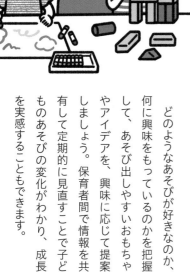

IDEA

37

落ち着いてじっくりあそべる

おひとりさま おもちゃセット

ひとり分のあそびをあらかじめセットしておくことで、すぐに始められ、あそびに集中できます。また、友だちとおもちゃをシェアしないことで取り合いなどのトラブルを避け、気持ちよくあそべます。

マグ・フォーマーセット

ひとり分をかごにセットしておき、友だちとシェアしなくてもよいように。

ブロックセット

紙パックの中にひとり分のブロックを入れておき、あそびたい場所に持ち運べるように。

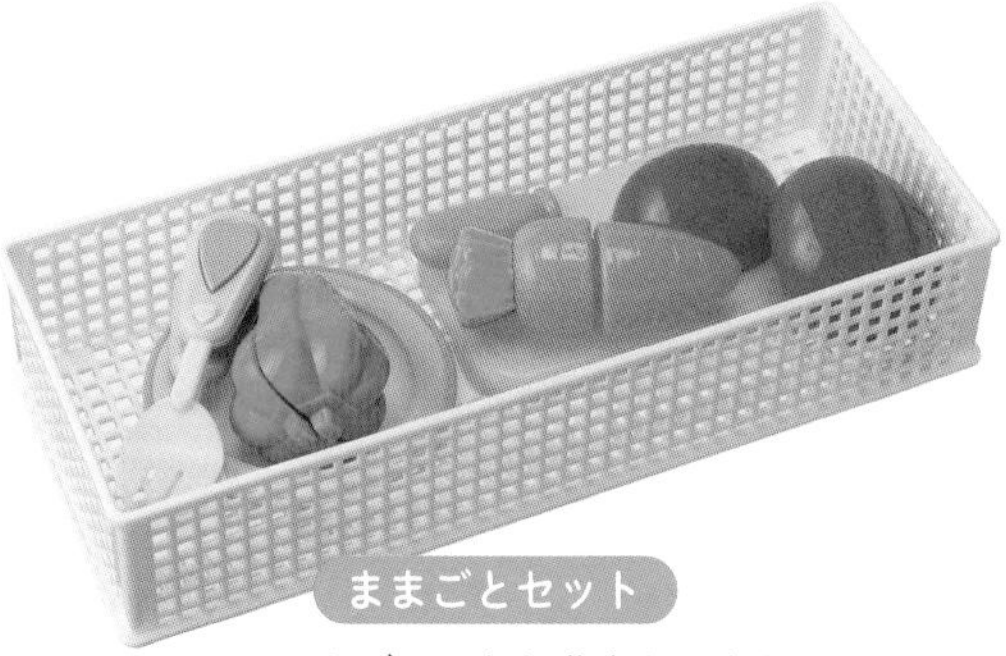

ままごとセット

かごにひとり分をセットして、「自分のもの」「人のもの」を視覚的にわかりやすく。

LaQセット

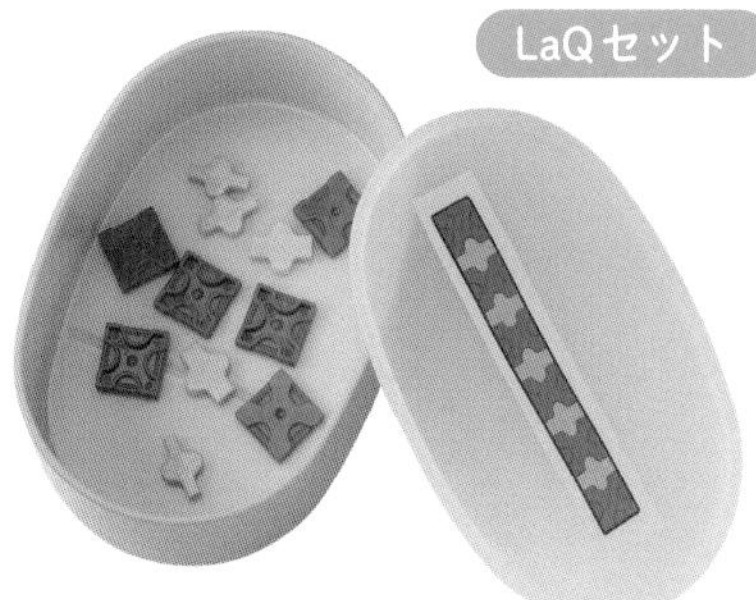

弁当箱

完成に必要なパーツをあらかじめそろえ、弁当箱にセット。ふたに見本を貼っておく。

ジッパー袋

ジッパー袋の中に、必要な個数のピースを入れておく。

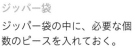

IDEA

38

見て選べる

あそびメニュー表

イラスト素材
P.82〜83

クラス全員が見られる場所に、その日にできるあそびや使えるおもちゃを、イラストや絵カードで掲示しましょう。

つかえる　もの
あたらしい　ぱずる
何に
しようかな

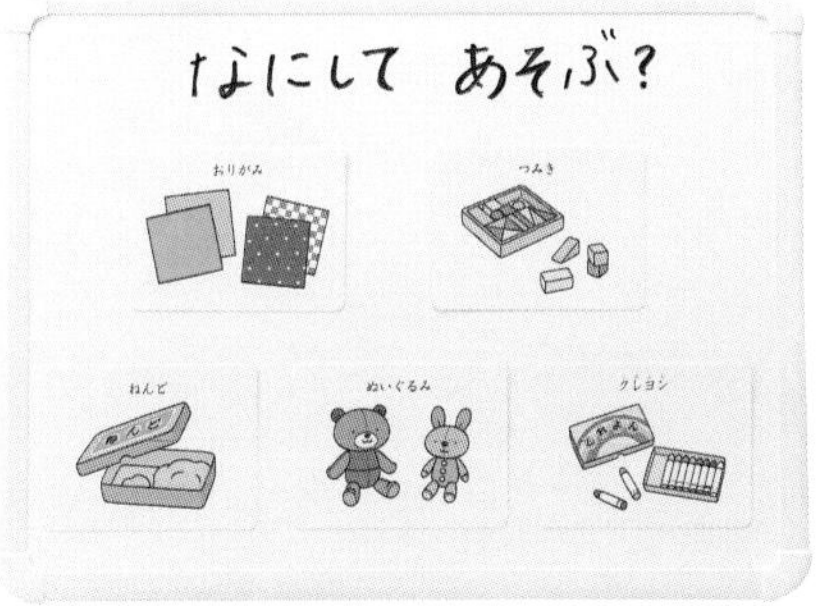
なにして　あそぶ？

あそびが見つからず手もち無沙汰になる子には、好きなあそびを厳選してボードに提示。選択肢を減らすと選びやすい。

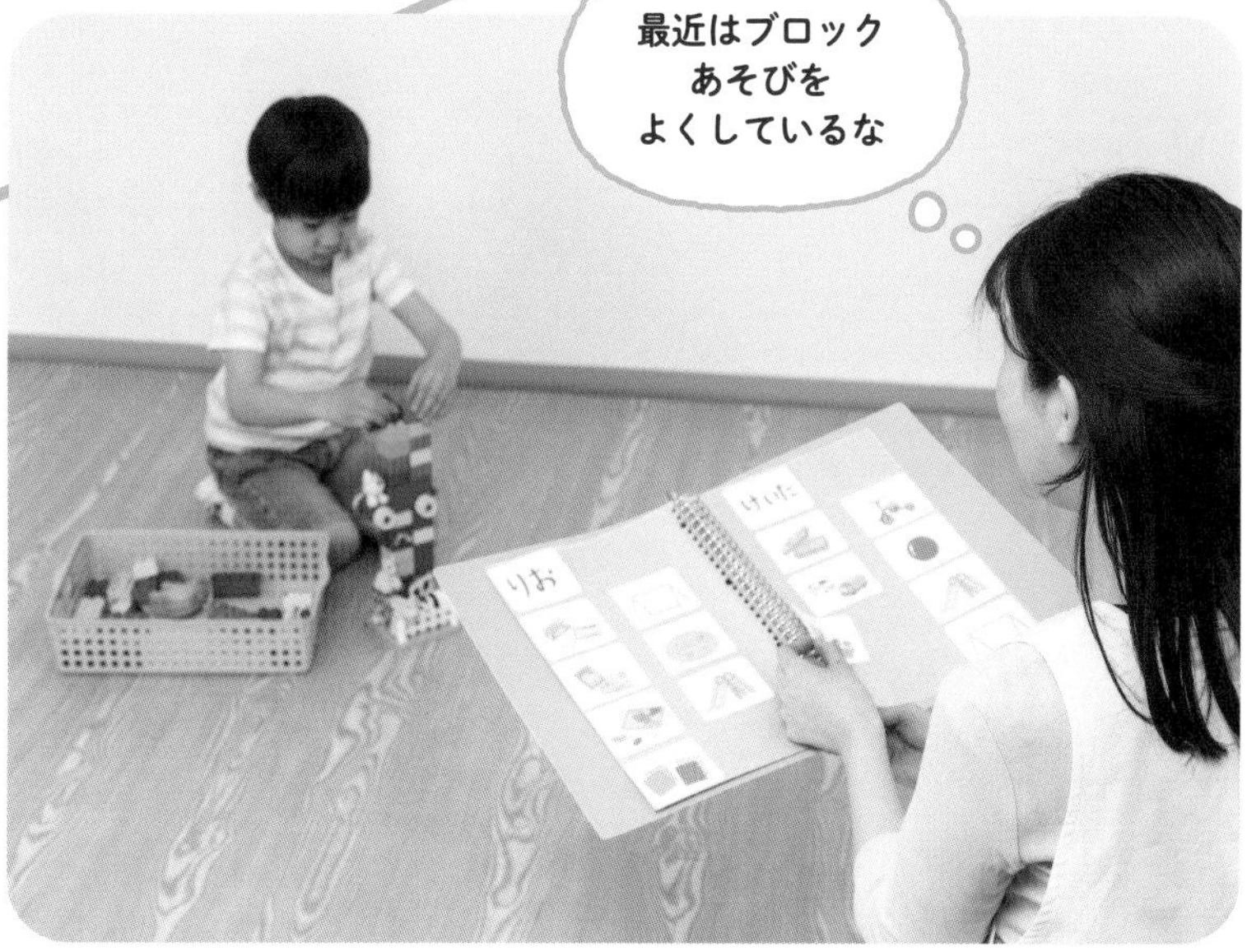
最近はブロック
あそびを
よくしているな

Aくんは何が好き
なんだろう？

IDEA

39

好きなあそびを把握

好きなことリスト

イラスト素材
P.82〜83

子どもが何に興味をもっているのか、今どんなあそびが好きなのかを、保育者間で共有できるリストを作りましょう。あそびを提案する際のヒントになります。

りお
けいた

好きなあそびを、絵カード＋名刺ファイルで管理。定期的に確認して差し替えができる。

IDEA
40
すぐにあそび出せる
いろいろプットイン

直感的にあそび方がわかるおもちゃは、すぐにあそびに入り込めて、ひとりでじっくり取り組めるのでおすすめです。

「プットイン」は、容器と落とすものを変えれば、いろいろな感触や音が楽しめます。お気に入りが見つかると、集中してくり返しあそべます。

貯金箱＆おもちゃコインで

IDEA
41
「友だちと一緒」でも自分のペースで
おひとりさまコーナー

一般的には、ひとりあそび→平行あそびの流れで社会性が育まれますが、支援の必要な子には負担大。移行期には、おもちゃをシェアしない形で「平行あそび」ができる環境を。かごにおもちゃひとり分を入れ、机にセットします。

友だちのおもちゃに興味をもったり

ひとりであそび込んだり

IDEA 42

保育者が関わって！

じっくりあそぶ「中動」コーナー

あそび方を理解する段階の子には、保育者があそびのモデルとなる「中動あそび」（中動とは、受動と能動の間の意味）のコーナーを用意。本棚で仕切るなど、あそびに集中できるスペースに。

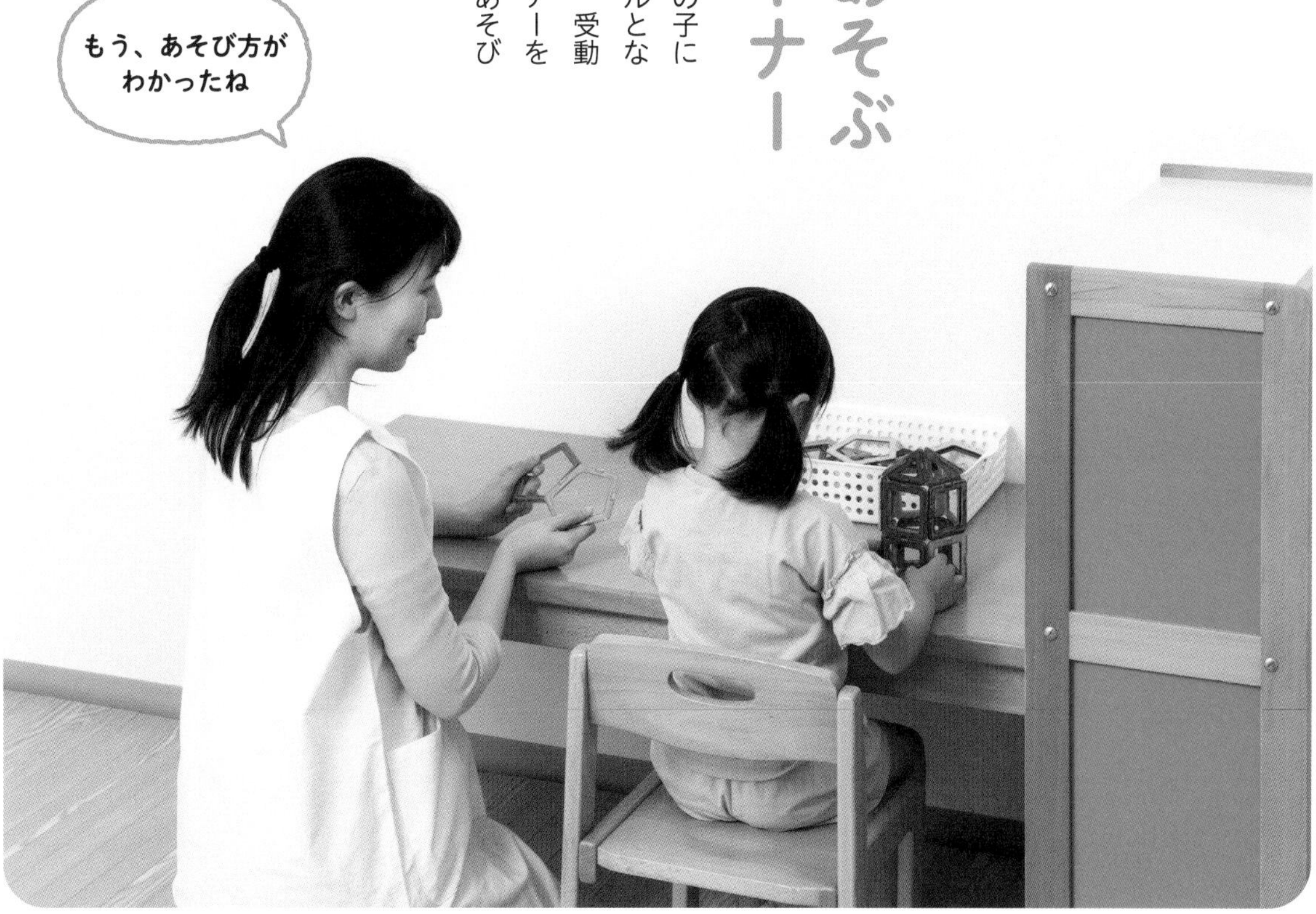
もう、あそび方が
わかったね

知っておきたい

あそびと社会性の発達段階

子どもの発達段階を把握し、環境を設定しましょう。

あそびの種類	内容	必要な社会性のスキル
ひとりあそび	●ひとりでじっくりあそび続ける	
平行あそび	●同じ空間で似た活動にそれぞれ取り組む ●自分のもの、人のものの区別がつく	●順番を守る・交代する ●気持ちに折り合いをつける ●悪いことをしたら謝る
連合あそび	●会話やおもちゃのやり取りが見られる ●一緒にあそんでいるようでも、互いのイメージは合っていないことも多い	●自分のあそびのイメージを伝える ●相手の考えを聞く
協同あそび	●分業や役割分担が見られ、それぞれが協力してひとつのあそびを構成する	●ルールの理解と遵守・協調性 ●参加するみんなが楽しめるルールづくり

IDEA 43

すぐにあそび出せる

やりかけ作戦

あそびを少し進めた状態でセットしておきます。イメージが湧かずにあそび出せない子にとっては、〝やりかけ〟状態が、あそびの内容を視覚的に理解する助けとなります。

ままごとコーナーはまな板と包丁、食材を出してすぐ、切り始められる状態に。

ブロックや積み木は、モチーフを数個完成させておく。

あなたの園の実践見せて！

ジッパー袋にパズルを収納

袋の表面にパズルの写真を貼って、中にパズルのピースを入れます。好きなパズルが選びやすく、ピースの混在も防げます。

小金井なないろ保育園（東京都）

やりかけのおもちゃは出したままに

続きができる「やりかけ作戦」を実践。室内あそびの途中で外あそびに出たときも、おもちゃは出したままにしておきます。

春日町第三保育園（東京都）

あそぶ場所に迷わない

棚と机に貼ってある共通のマークは「りんごの棚のおもちゃはりんごの机であそぶ」印。あそぶ場所も片づけにも迷いません。

小金井なないろ保育園（東京都）

製作あそび

製作あそびでは、みんなと同じ完成度で作りたい子には保育者が手を貸す、完成度にこだわらず、製作や描画自体を楽しみたい子には、苦手をふまえて素材や道具をかえる配慮が必要です。

（環境づくりのポイント）

1 苦手に応じて材料・道具を吟味

発達に特性のある子は感覚が過敏な場合も多く、のりや粘土などの感触が苦手で製作に参加したがらない子どもがいます。スティックのりなど、苦手な感触がないものを使ったり、材料をかえたりすることで取り組める場合もあります。子どもの様子を見て、提案しましょう。

2 個別対応ができるよう少人数のグループに分けて

作り方の理解が難しい、作業に時間がかかるなどの理由で、製作に参加したがらない子どもがいます。個別に対応ができるよう、クラスを少人数のグループに分け、各グループの活動時間をずらすなどの工夫をしましょう。製作の工程を減らすことで、楽しく参加できる子どももいます。

3 作るものを選べるように

子どもによって興味や手先の器用さ、使う道具の得意・不得意があります。同じテーマでも、描画や粘土、紙工作など異なる製作物を用意して、子どもが選べるようにするとよいでしょう。「みんなと同じ」にこだわらず、子どもの「好き」や「得意」を生かした活動にしましょう。

IDEA 44

のりの感触が苦手な子に〝貼る〟バリエーション

のりの感触が苦手な子には、指につかない・指につけなくて済む工夫を。そもそものりにこだわらない選択肢を用意することも一案です。

指が汚れないスティックのりを

のりのベタベタする感触を嫌がる子にはスティックタイプを。色つきなら塗った場所がわかるので、誤って触れるのを避けられる。

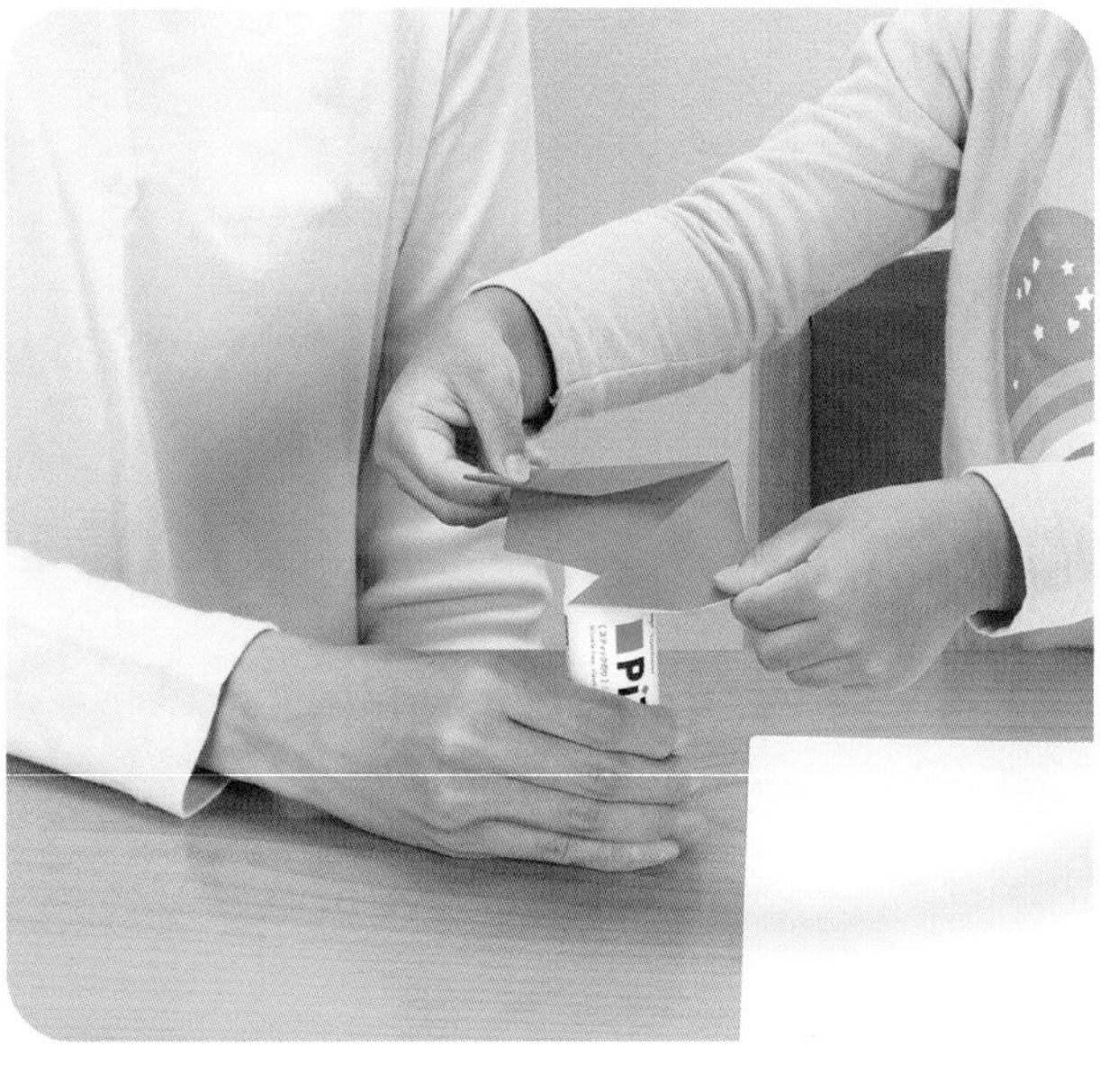

太めのスティックのりを立てて使っても

折り紙などを貼る場合には、太めのスティックのりを保育者が立て、子どもが紙をのせるようにのり付けしても。

指で塗らずに筆や綿棒を使って

指で塗るタイプののりを使う場合は、直接手につかないように、筆や綿棒を使って。

のりにこだわらずテープを使っても

貼り付けるもの次第では、セロハンテープを使っても。あらかじめ保育者が切って机に貼っておくと子どもが使いやすい。

IDEA

45

不器用でも楽しめる

“切る”をフォロー

力が弱い、不器用さがある子どもには、弱い力でも切れるはさみを。切り取り線を太くする、切りやすい厚さの紙を使うなど、素材への配慮も忘れずに。

弱い力でも切れるはさみを

保育者と子どもの2人で使える

開く力を補助するスプリング付き

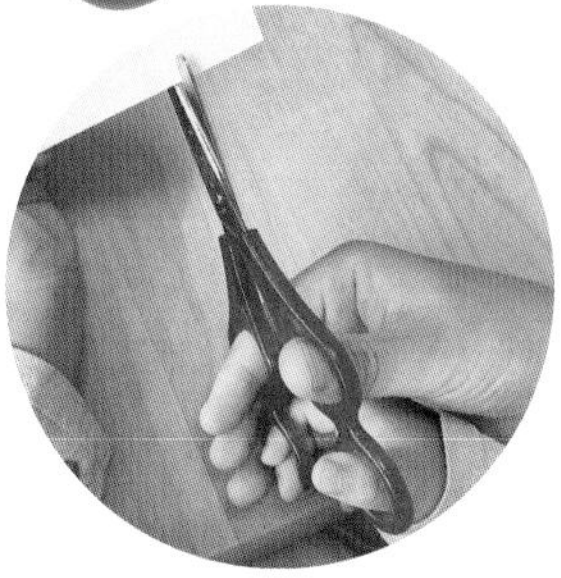

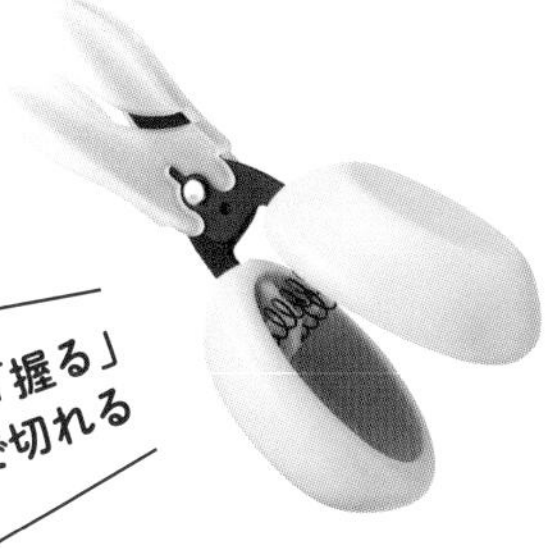

簡単な「握る」動作で切れる

切り取り線は太くはっきり！

切り取り線は太く書いておくと、どこを切るかが認識しやすく、多少ゆがんだり、曲がったりしても気にならない。

IDEA

46

「自由に描く」が難しければ

すぐに描き出せるなぞり絵

何を描けばよいか迷う子には、あらかじめ保育者が下絵を描き、始まりをサポート。子どもは線をなぞる、色を塗る工程を楽しんで。

IDEA
47

選べる作品メニュー

興味や発達の差にも対応

クラスみんな、同じ完成品を目指すと製作が負担となり楽しめない子も。共通のテーマを設けて作り方はかえるなど、柔軟な姿勢が大事。

ぼくはこっち！

毛糸を使った立体的なクリスマスツリー

絵にシールと画用紙を貼ったクリスマスツリー

IDEA
48

めくり式手順表

自分のペースで進められる

完成までの全工程を一度に理解するのが難しい子も。1工程ごとのめくり式手順表があると、自分のペースで今することを確認しながら進められます。難しい工程には「いっしょに」マークを付け、保育者が手を貸して。

えのぐを　だす
いっしょに

いっしょに

イラスト素材 P.84

片づけ

あそびを終えることへの不安、気持ちを切り替えられない、片づけ方がわからないなどの理由で、片づけが苦手な子どもがいます。理由に応じた環境を用意しましょう。

（環境づくりのポイント）

1 安心して終われるように

見通しのもちづらさから、あそびを止められると不安になる子どもがいます。後で続きができることがわかると、あそびを納得して終えられます。

絵本を読むなど、「おしまい」がはっきりわかる活動であそびの時間を締めくくると、気持ちを切り替えやすくなります。

2 〝グラデーション〟で切り替える

活動と活動の間には、短時間でできる好きなあそびに誘うなど、子どもが自然に気持ちを切り替えられるよう工夫します。また、用意のできた子から次の活動を始めても。その様子が、活動の見通しをもちづらい子の、「ロールモデル」「視覚的手がかり」となります。

3 片づける気になる演出としかけを

その子にとって片づけが楽しい活動ではないことも、苦手な理由のひとつ。ワクワクする演出としかけを考え、片づけ自体をあそびの延長にするのもおすすめです。

「おもちゃ箱に入れるだけ」など、ワンアクションで片づけが完了するなど、手順を減らすこともポイント。

IDEA

49

つづきBOX

再開できる安心感を

あそんだおもちゃや作りかけの作品を入れる、その子専用の箱やかごを用意します。自分でおもちゃや作品を箱に入れると、後で続きができることを理解でき、安心して次の活動に移れます。

撮影するだけで
納得できることも！

IDEA

50

メモリーアルバム

作品を写真で残す

大きな作品や崩れやすいもの、外あそびで作ったものなどは画像で保存を。子どもは撮影するだけで満足することも多いのですが、印刷してアルバムにまとめれば、保護者との情報共有にも役だちます。

IDEA 51

なりきり収納術

片づけをあそびに変換！

あそびの延長で整理できる収納グッズを用意。活動の切り替えを意識せず、楽しく片づけられます。

イラスト素材 P.84

ままごとツール掛け

ワイヤーネットとフックで本物のキッチンのように演出！　写真を貼ってわかりやすく。

車のおもちゃ専用駐車場

底に駐車場のイラストを貼ったかごを用意。「片づけようね」ではなく、「駐車させてね」と声をかけて。

IDEA 52

やる気より「その気」が大事

片づけパトロール隊メダル

片づけが進まない子には片づける気になる関わりを。「片づけパトロール隊」に任命しメダルをかけると、子どもはきっと「その気」になって片づけます！

イラスト素材 P.84

片づけの動きは最小限に

分類して、箱に入れ、ふたを閉めて……と手順が多いと、支援が必要な子どもは混乱します。「おもちゃ箱に入れるだけ」など、片づけの動きをワンアクションで完結させることがポイント。

第3章

一斉保育

活動の導入

運動会や発表会の練習など、「いつもと違う」活動では、見通しがもてずに不安、みんなと一緒が難しいといった理由で、参加を拒む子がいます。活動の導入で楽しみを伝えつつ、参加を自分で選べる配慮が必要です。

環境づくりのポイント

1 ことばの指示だけではなく楽しい体験を積み重ねる

活動への移行をことばでの指示で促すばかりではなく、次の活動自体を楽しいと感じられるよう、促し方も工夫してみましょう。「次は楽しいことが待っている！」と、自分から次の活動に移れるようになります。

2 切り替えられない子の「アセスメント」を

次の活動にスムーズに移れない子どもがいたら、まずその理由を分析する「アセスメント」を。たとえば、着替えでいつも走り回る子を観察したら、「次の活動が嫌なのではなく、着替えが苦手で逃げている」とわかった例があります。理由がわかれば導入の仕方を工夫します。

3 “自分で決める”を応援する

「みんなで一斉に、同じことを同じように」という考えを捨てて、子ども一人ひとりに応じた保育を考えてみましょう。

自分で選ぶことも大切です。「参加できた」だけではなく、「選択できた」ことにも目を向けて。やらない選択も認めましょう。

IDEA
53

自分で決める
プログラムボード

活動ごとに、「参加」「見学」「休憩」を選択できるボード。朝、1日の予定を立て、活動の前に確認します。気持ちが変わったら変更もOK。見学すると参加したくなることも。

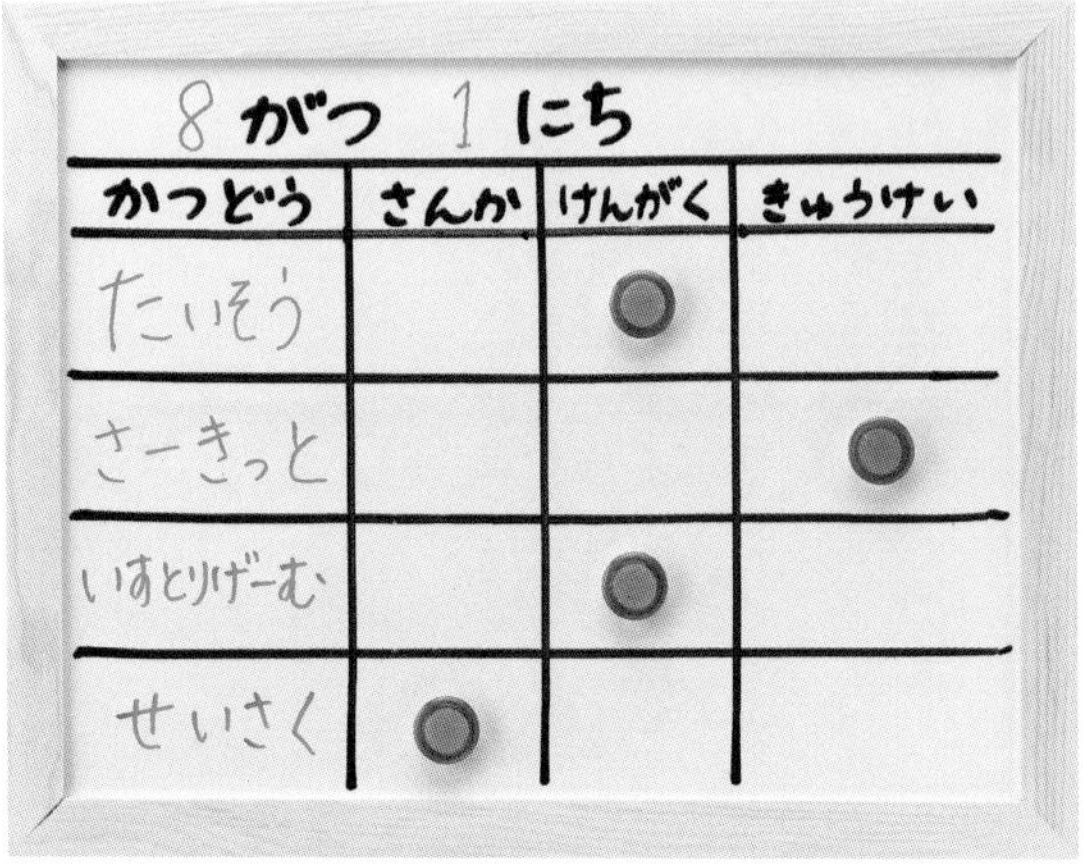
8 がつ 1 にち
かつどう
さんか
けんがく
きゅうけい
たいそう
さーきっと
いすとりげーむ
せいさく

「見学」「休憩」も尊重を

見学や休憩の選択を認める姿勢を大切にしましょう。休憩を選んだときは、その時間にどこで何をして過ごすかも、子どもと相談して決めます。

IDEA
54

〝話し手〟がわかる
テレビフレーム

一斉活動などで、〝みんなに〟向けた話に意識を向けられない、新年度などは担任が変わり集中して話が聞けないことがあります。「テレビフレーム」を用意して、話し手に意識を向けられるようにしましょう。

お話
するよ！

※作り方は、P.85に掲載しています。

IDEA

55 トランジットコーナー

“好き”なものでひといき

イラスト素材
P.85

次の活動の前に立ち寄る、固定の中継地点をつくり、活動の終わり・始まりを体感しやすく。中継地点には、絵本やパズルなど、短時間で終わるあそびを用意しましょう。

自由あそび終了

いつもの絵本コーナーでリフレッシュ

次の活動が写真で視覚的にわかる

着替えタイムに

子どものモチベーションアップになるシールカード。1日1枚カードを用意して、活動が終わるごとにシールを貼る。

IDEA 56

全員がそろわなくてもOK

「おさきに！」スタート

次が一斉活動の場合、全員が集まるのを待たずに始めるのも、導入として有効です。次の活動の見通しがもてて、あそびを終えることができます。

サポートタイマー

「あと○分」は理解が難しいので、視覚が有効な子どもには、活動の残り時間を目で見て確認できるタイマーが効果的。自由あそびの時間などで活用を。

「視覚的手がかり」を活用

行動や指示をわかりやすく伝えるための絵や写真、実物を「視覚的手がかり」と言います。次の活動を先に始めることは、活動の見通しをもちづらい子の、「ロールモデル」「視覚的手がかり」となります。

あなたの園の実践見せて！

装飾や掲示物を控えて、活動に集中できるように

視覚に入る刺激は少ないほうが落ち着くことから、装飾や掲示物を少なめにします。掲示物が多いと注意が散漫になり、支援に必要な掲示物が目に入らないことも。活動の手順表も貼りっぱなしは控え、活動のときだけ貼り出します。

太陽の子保育園（東京都）

1.保育室の棚も活動に関係ないものは布で覆い、子どもの目に入らないように。2.子どもの作品は、あえて子どもの視界に入らない高さに掲示。支援用の掲示物が埋もれないように区別して。

園外保育

園外保育が、すべての子どもにとって楽しいとは限りません。目的意識や期待感がもてない、いつもと違う場所に戸惑いや不安を感じる子どももいます。乗り物に拒否反応を示すことも。それらを予測し、しっかりした準備が必要です。

（環境づくりのポイント）

1 日常の〝安心〟を場所が変わっても取り入れて

〝いつもと同じ安心〟を、園外でも提供できるようにします。たとえば、お気に入りのおもちゃや、安心につながるグッズを用意しておき、子どもが不安定になりそうな場面ですぐ出せるようにします。子どもはそれをよりどころにして、落ち着くことができるでしょう。

2 日々の保育の活動と連続性をもたせる

遠足や園外保育の雰囲気を、日常の保育のなかで経験して慣れておきます。リュックサックと水筒を持って散歩に出かける、いも掘りのごっこあそびをするなど。園外の活動でも、「いつもと同じ」「知ってる！」と思えるような活動を、日々の保育に取り入れましょう。

3 〝みんなと同じ〟にこだわらない

支援の必要な子どもが、自分のペースで楽しめることを優先します。体験する内容を減らしたり、見学ルートを短縮したりする個別対応を検討しても。移動が負担になる子どもは、保護者の協力を得て、現地集合・現地解散にしてもよいでしょう。

参加を見送る選択も

なかには突然走り出してしまうなど危険な行動が予測される子もいます。危険な目にあい行事が嫌な記憶になっては本末転倒です。安全を優先し、参加を見送る選択も視野に、保護者と一緒に判断しましょう。

IDEA 57

あそびで当日をイメージ
動物園ごっこ

遠足で動物園に行く場合は、保育室のあちこちに動物のぬいぐるみを置いて動物園ごっこを。「こっちにはペンギンがいるよ！」などといろいろな動物を見てまわる気分が楽しめて、遠足が待ち遠しくなるかも。

笛が鳴ったら保育者のところに集まるなど、園外での「約束」を取り入れた「あつまれゲーム」もおすすめ。

IDEA 58

遠足のシミュレーション
遠足ごっこ

遠足や園外保育の少し前から、リュックで登園します。園庭や保育室でレジャーシートを敷いてままごとであそんだり、リュックを背負っていつもの散歩に行ったり。園外活動の疑似体験を楽しみましょう。

レジャーシートの広げ方やたたみ方も、あそびのなかで楽しく練習してみて。

IDEA

59

スタンプラリー

いつもの楽しさを園外でも

イラスト素材
P.85

バスに乗る、トイレに行くなど、当日の行程を終えるたびにスタンプがもらえます。スタンプは園で日常的に使っている「いつもの」ものがおすすめです。「お楽しみ」とともに、行程の見通しがもてることで安心して活動に参加できます。

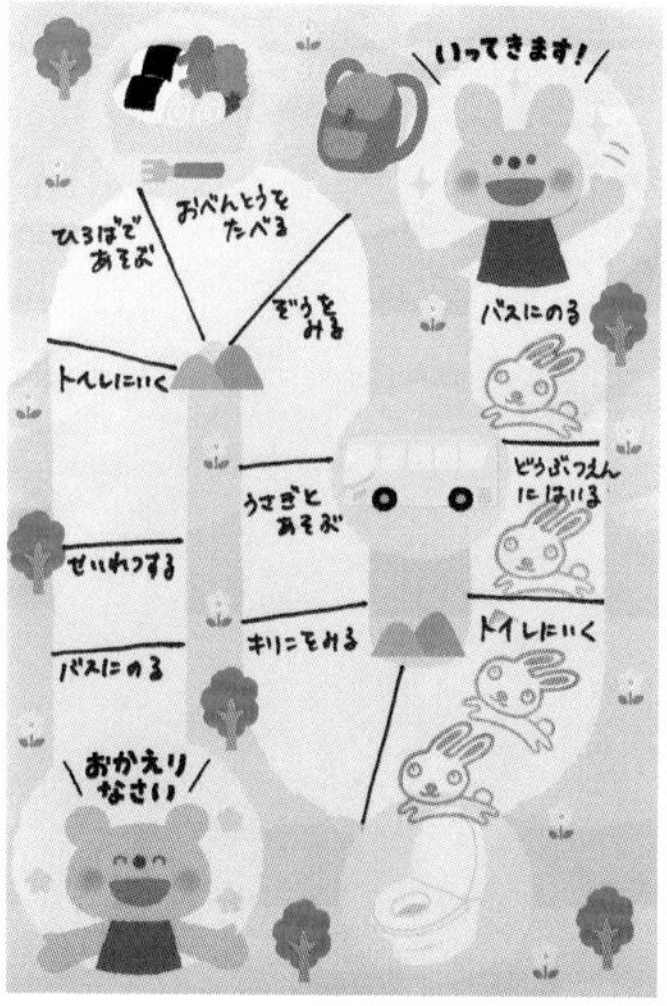

マスには、「〇〇を見る」など具体的に書くことで、見通しがもちやすくなります。

スタンプ以外にも、「ここで先生とハイタッチ！」などのお楽しみを盛り込んで。

子どもが苦手な行程を終えたときは、スタンプを2つ押しても。

IDEA

60

安心グッズ

お気に入りをリュックに

お気に入りのグッズをリュックに入れ、不安になりそうな場所や興奮しそうな場所で取り出せるようにします。グッズの存在がお守りとなり、安心につながることも。

「バスに乗ったら出していいよ」などと、事前に伝えておくとよい。

動きたくなるルールを具体的に示して

「走っちゃだめ」→「先生と手をつなぐよ」、「(疲れたら)旗を持って先頭を歩こうね」など。禁止することばは伝わりづらいので、具体的な行動を示しましょう。やりたくなるルールの提案を。

第4章

落ち着ける空間

リソーススペース

集団で過ごす園生活は刺激が多く、
ストレスとなる場合があります。
気持ちを落ち着かせられる、安心できる、クールダウンできる
場所やものを準備しておきましょう。
「園にホッとできる場所やものがある」ということが大切です。

（環境づくりのポイント）

1 どんな子が、いつ使う？ ねらいを明確に

待ち時間が苦痛、保育室に入れないなど、環境になじめない原因は子どもごとに違い、遮断する必要がある刺激や、スペースを設ける場所も異なります。

どんな特性のある子がいつ使うのか、どんなふうに過ごしてほしいかを明確にしましょう。

2 落ち着ける状況を子どもごとに見極めて

ひとりのとき、友だちといるとき、あそびに集中しているときなどを観察し、どんな状況なら落ち着けそうか仮説を立て、具体的なスペースづくりをします。

その子の安心できる環境をつくるためには、何が必要かを見極めて準備を。

3 はじめは簡易に作り、アップグレードして

そのスペースや設定が本当にその子に合っているかは、試してみないとわからないこともあります。アップグレードすることを前提に、まずは簡単に設定してみましょう。

よさそうだったら子どもの好きな飾りを加えるなど、段階をふみながら完成させるのがポイント。

IDEA

61

好きなモチーフで 乗り物型スペース

子どもが大好きな乗り物に乗っているような、楽しい気分になれるよう工夫したスペース。くるくる回るハンドルであそんでいるうちに、いつの間にかもやもやした気持ちが収まり安心できます。

イラスト素材 P.86

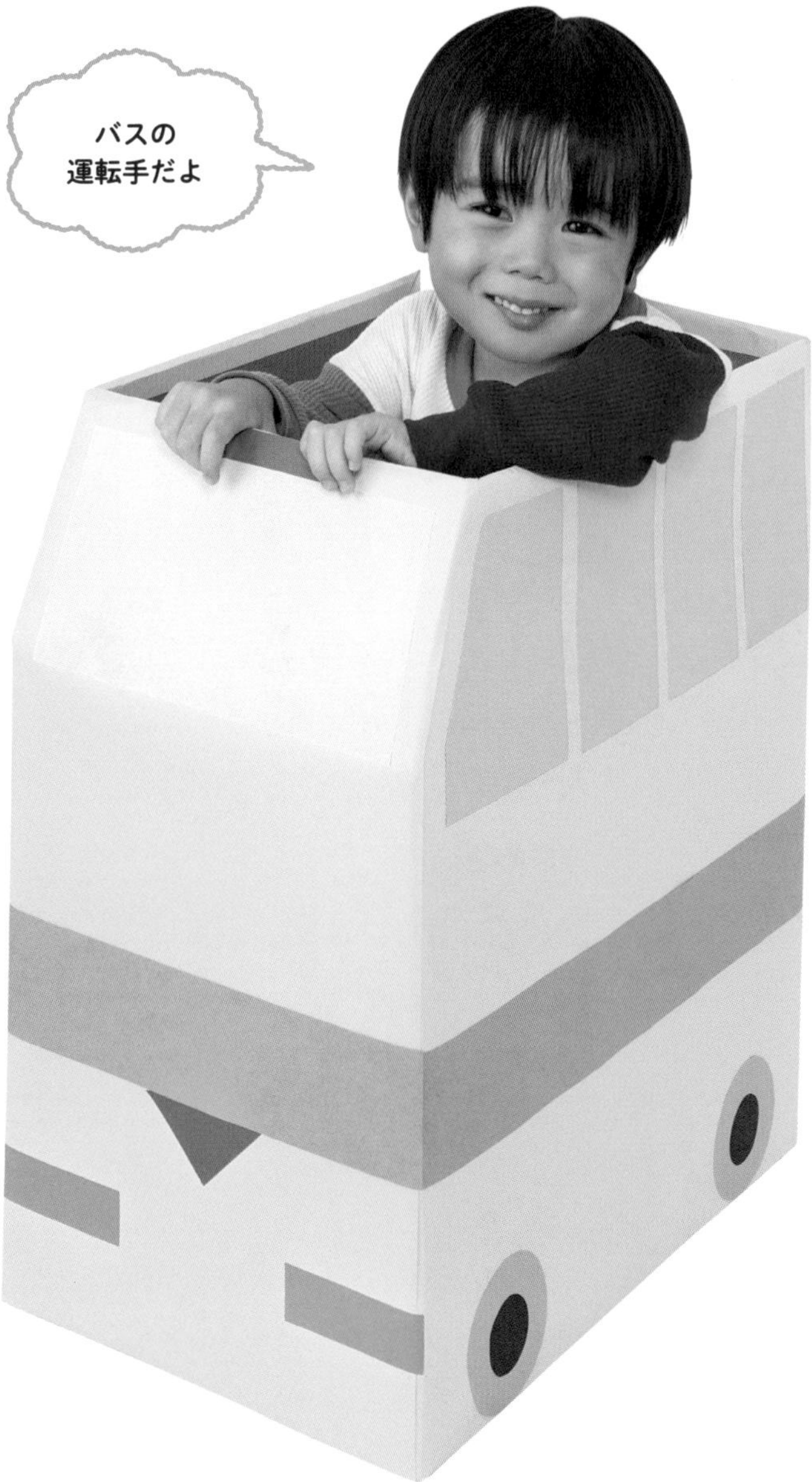

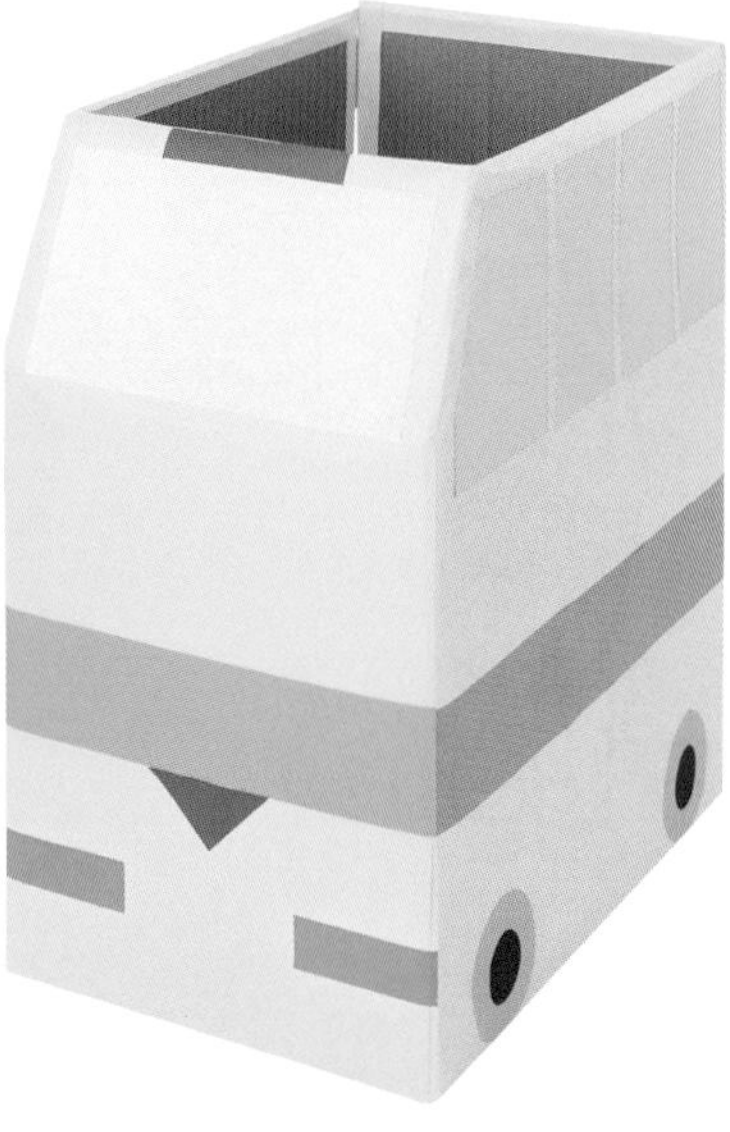

ドアを開けると
中は運転席！

※作り方は、P.86に掲載しています。 考案：東平なでしこ保育園（東京都）

IDEA

62

屋根付きで落ち着ける

おうち型スペース

廊下やテラスなど、保育室とは別の場所にどこにでも〝個〟のスペースがつくれる、段ボールのおうち型スペース。屋根で上部が覆われて光も遮断でき、隠れ家のような安心感があります。

※作り方は、P.86に掲載しています。
考案：東京大谷幼稚園（東京都）

IDEA

63

折りたためる

じゃばらパーテーション

形をフレキシブルに変化させられるので、設置する環境や子どもの人数に合わせて使いやすいパーテーション。ひとりだけを囲んで狭い空間をつくることも可能。壁に沿わせると広めのスペースになり、数人で使えます。

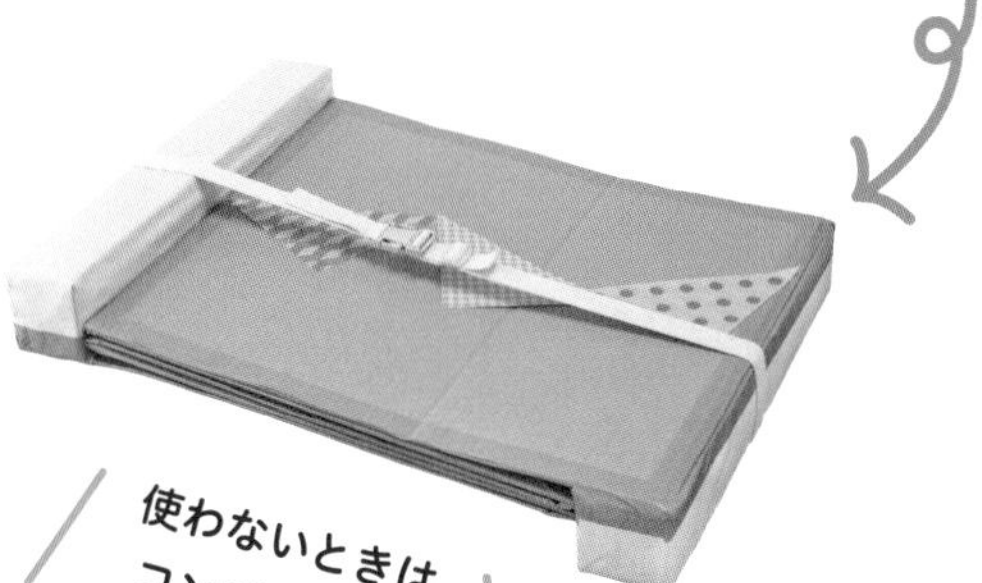

使わないときは
コンパクトに！

※作り方は、P.87に掲載しています。

IDEA

64

サッと「個室」に 安心チェア

コの字型のいすで保育室にプライベート空間が出現。置き方を変えるだけで、「みんなの様子が見たい」「ひとりの世界で過ごしたい」というそれぞれの要望が叶えられます。

※作り方は、P.87に掲載しています。

壁に向けると

いすの向きを変えれば、完全な個室空間がつくれる。

\ 子どもの状況に応じて内容を変えて /

スペースを使うときのルールを伝えて

落ち着ける環境を保つためには、スペースを利用する時間や人数を制限する必要が生じることも。保育者に伝えてから行くことや、静かに使うことなどのルールを、「お約束ポスター」で子どもにわかりやすく示しましょう。

イラスト素材 P.87

考案：東京大谷幼稚園（東京都）

IDEA

65

カラフルモーション

見ているだけで落ち着く

キラキラ、ユラユラなど、見ているだけで心地よいおもちゃを保育室の隅などに用意。

開閉できる透明な容器と、消臭ビーズやスパンコールなどカラフルな素材を組み合わせればできあがり。眺めているだけで落ち着きます。

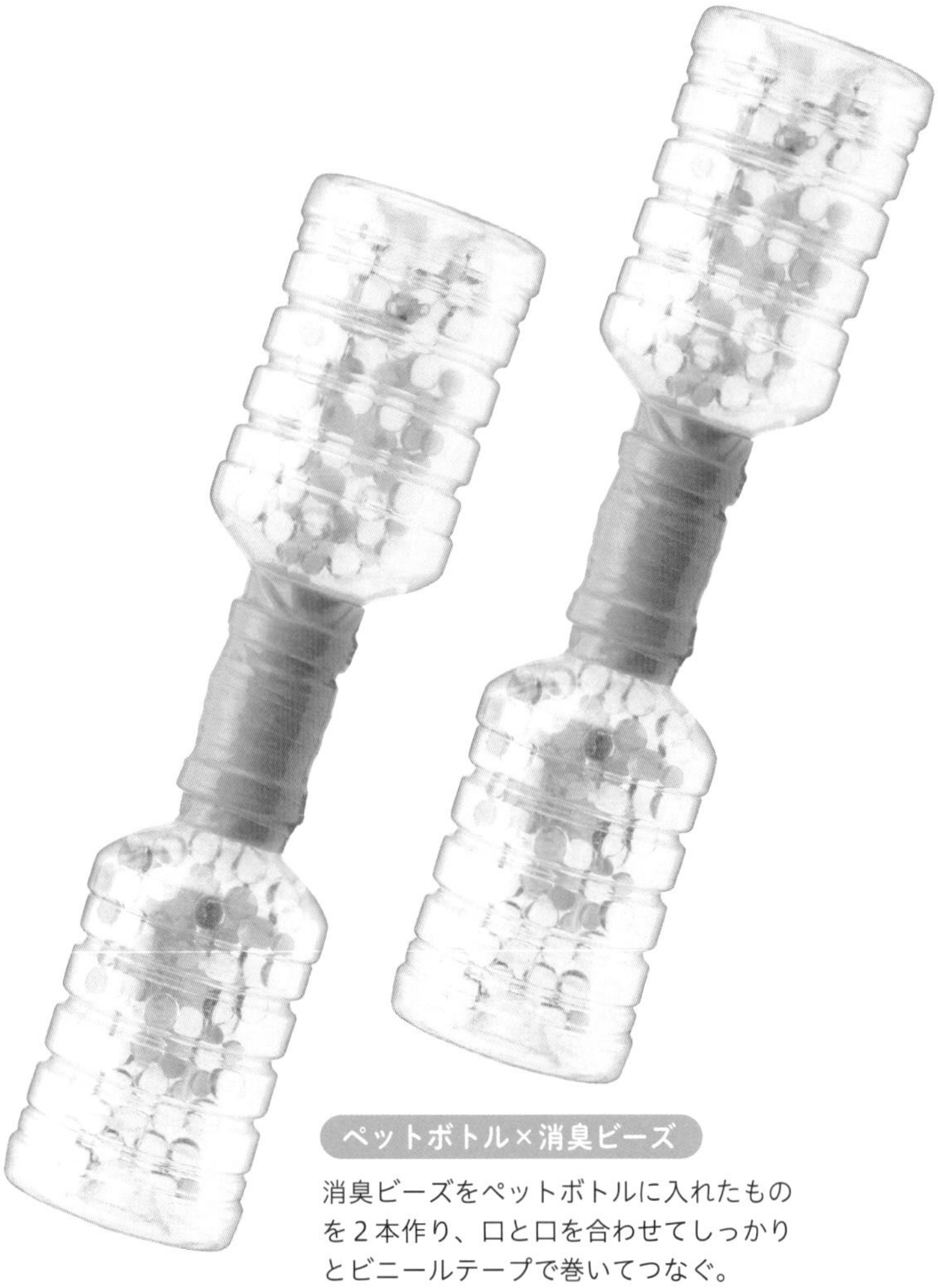

ペットボトル×消臭ビーズ

消臭ビーズをペットボトルに入れたものを２本作り、口と口を合わせてしっかりとビニールテープで巻いてつなぐ。

パスタケース×星形スパンコール

透明パスタケースに星形スパンコールを入れてふたを閉め、上からビニールテープを巻く。スパンコールが落ちる音も心地よい。

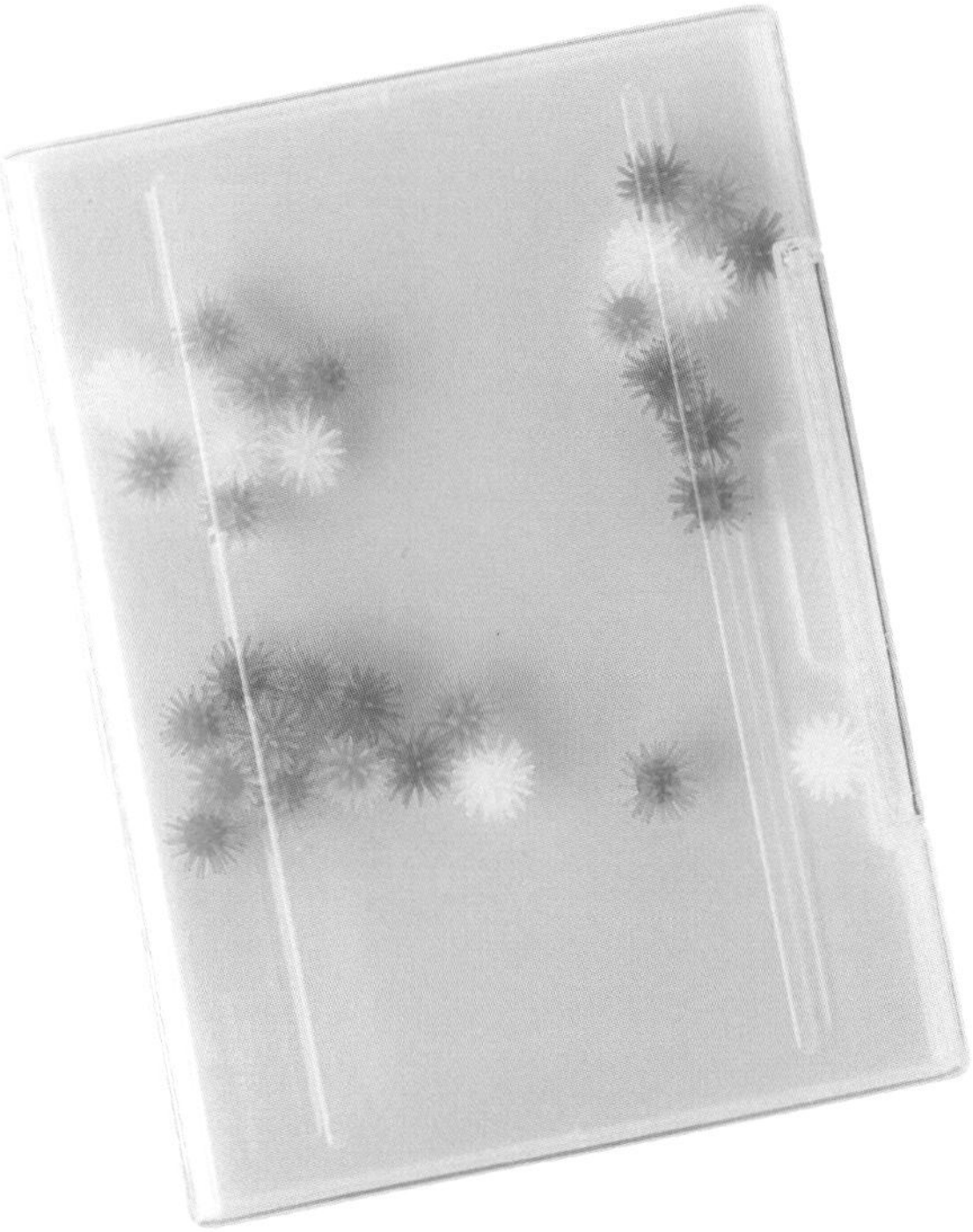

透明ファイルケース×粘着力のあるゴム製おもちゃ

透明ファイルケースに粘着力があるゴム製おもちゃを入れる。傾けると中身がゆっくり落ちていく。

考案：川村直美（大和はないろ保育園／神奈川県）
吉見絵里（小金井なないろ保育園／東京都）

あなたの園の実践見せて！

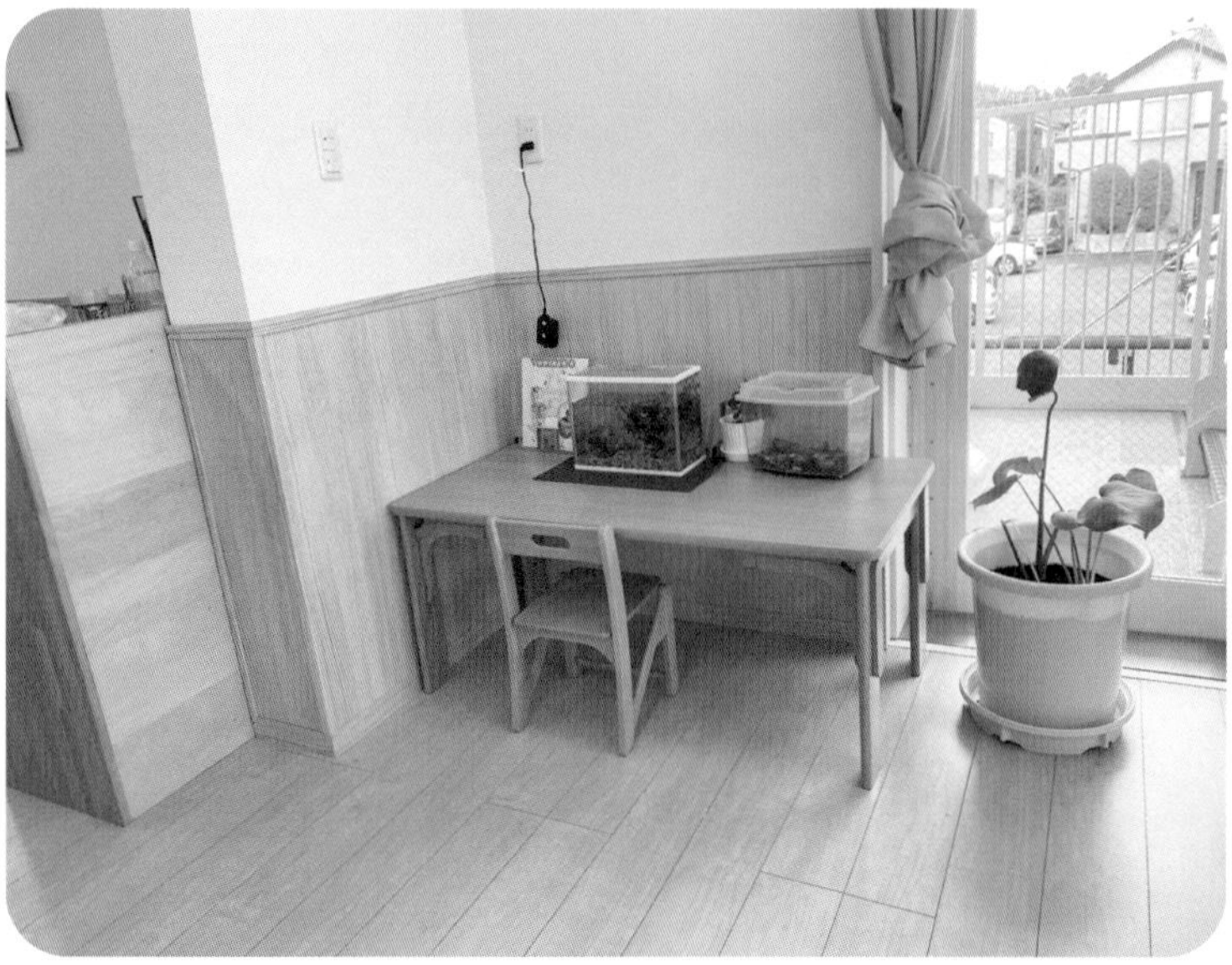

部屋の隅や壁を利用

部屋の隅や壁に面したスペースを利用した例。子どもが壁側を向くように机を置けば、それだけでも周囲の視線が気になりづらく、集中しやすくなります。

小金井なないろ保育園（東京都）

押し入れなどを生かして

保育室内にある広めの収納スペースを利用します。押し入れの入り口にカーテンや段ボールの目隠しをつけるだけでも、子どもにとって落ち着ける場所になります。

太陽の子保育園（東京都）

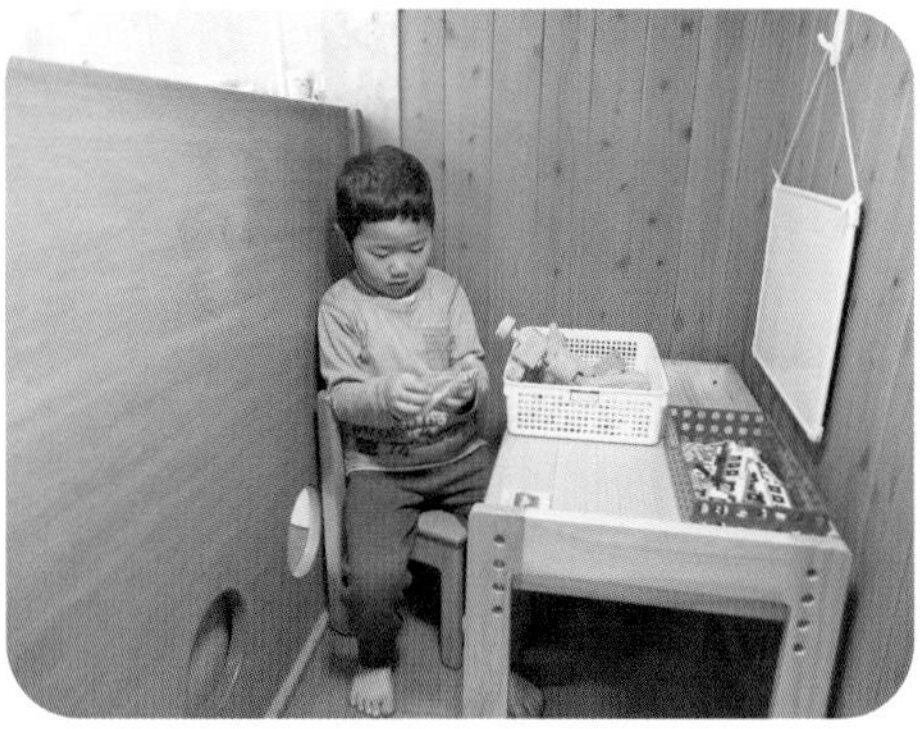

テラスや廊下など オープンな場所に

保育室内だと落ち着くことが難しい子のために、テラスや廊下などにスペースを設けました。園庭であそぶ友だちの様子が見られることや開放感が、適度な安心を与えてくれます。

柚木武蔵野幼稚園（東京都）

安心できる空間は 選べるように 複数設置

集団のなかで疲れたときや、パニックになったときに落ち着ける空間を、複数設けています。保育室内はクラスのつながりを感じながらひとりになりたいとき、保育室外はよりひとりになりたいときに。

太陽の子保育園（東京都）

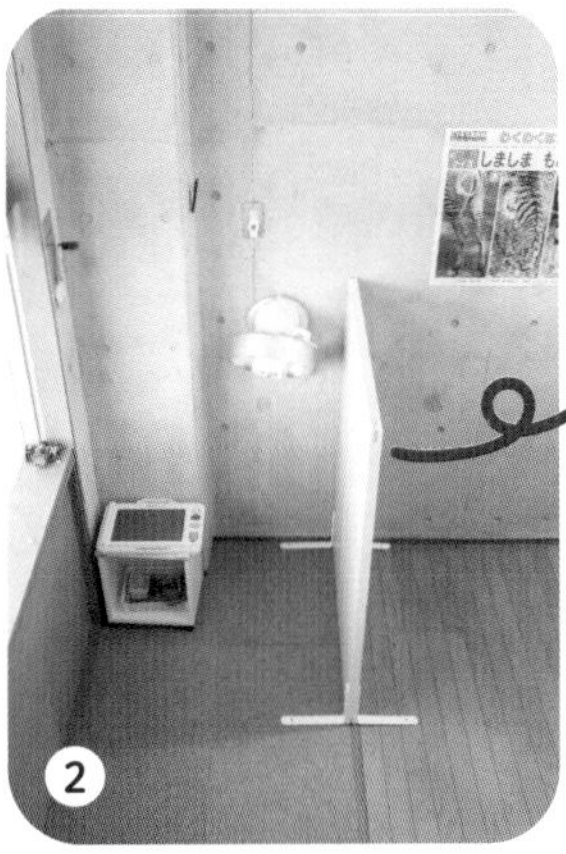

1. 一番静かに過ごせる、廊下の一角にある安心空間。空きスペースに壁を取り付け設置。2. 階段の踊り場につい立てを置いて。窓に面しているので明るく、外を眺めて落ち着けます。

すっぽり 入れる スペースに

横長の棚を縦置きに。植物を置くと、視界がほどよく遮断されます。

小金井なないろ保育園（東京都）

おもちゃが あると廊下も 安心スペースに

直感的にひとりであそべるおもちゃを廊下に。没頭して心を落ち着けます。

小金井なないろ保育園（東京都）

保育者こそ環境！

＼保育者の意識が変わる！／

藤原里美語録集

保育者が見せる表情や声だけで子どもの心もちや言動が変化することは少なくありません。まず変わるべきは、人的環境である保育者の意識！保育者が意識を変えていくことで、園が変わり、子どもとの関わり方が変わり、子どもの姿がふっと変わります。〝環境〟としての保育者の意識について、考えてみませんか？

MIND 1 子どもは1ミリも変えず環境（社会）を変える

何度声をかけても座っていられなかった子が、姿勢を維持しやすいようにといすを工夫したら、座っていられるように！　叱られないので自信もついてきた――。これは、「子どもは変えずにいすを変えただけ」でよい変化があった例です。つまずきは子どもと環境の不和で起こっているのですから、その子に合う環境に整えればＯＫ。そのためにも、環境を考える視点（4〜9ページ）を知っておくことが大切です。

MIND 2 甘えはクセにならない。必要ならどんどん手伝う

MIND 3 「できたからほめる」のではなく、アイ（Ｉ＝私は）メッセージで全承認！

できたときだけほめるのでは、子どもは「できない自分はダメ」と思ってしまいます。「できたからえらい」より、「これをやると先生が喜んでくれるからやりたい！」のほうが、行動したくなるもの。「やってみよう」は人との関係から生まれます。「おいしそうに食べるね～。その顔を見ていると幸せ」「来てくれて、先生うれしい！」などと、達成にかかわらず、日頃から私（アイ）を主語にしたアイメッセージで、その子のありのままを喜び、「私（ぼく）は大切な存在」と思ってもらえる関係をつくりましょう。

4 MIND

やる気より“その気”。子どもが自ら動きたくなるように

「頑張れ」と言われてやる気が出るものではありません。「うわ～！ かっこいい！」と保育者が声をかけることで、「これができたらかっこいいお兄ちゃんだ」などと自分で思えれば、子どもはその気になるのです。保育者に求められるのは“その気”にさせるテクニック。子どもの気分が乗ることばでウキウキさせて。たとえ失敗しても、「よかったね！ 失敗したからうまくいく方法がわかったね」と保育者がポジティブマインドを示していきましょう。

子どもだって、できないこと、やりたくないことはやりたくない。そんなときは「わかるよ。面倒だよね」と共感し、「先生もやるよ～」と手伝ってみては？ 無理強いするから楽しくないし、モチベーションも自尊心も下がるのです。甘やかすとクセになるという人もいますが、全く逆。必要なときに支援をし、子どもが十分甘えられると、信頼関係が築けて、自立していくのです。

5 MIND

うまくいっている場面に注目を。そこに支援のヒントがある

子どもが不適切な行動を起こさない、うまくいっている場面を見ると、そこにはうまくいっている理由が必ずあります。その理由をピックアップし、分析して、環境支援のアイデアに盛り込みましょう。うまくいっている場面にこそ、支援のヒントがあるのです。子どもが不適切な行動を起こしている場面、うまくいかない場面を見て、環境支援のアイデアを考えるより、うまくいくはずです。

自己点検シート

あなたが意識を変えるだけで、ことばや接し方が変わり、明日の保育が見違えるものになるはず。最後に自分自身を振り返ってみましょう。

- ☐ 子どもに「穏やかに、近づいて、静かに」話しかけていますか？
- ☐ いすや安心グッズなど、子どもが落ち着いて過ごせる環境支援を取り入れていますか？
- ☐ 「絵を見せて伝える」など、子どもの特性に合った伝え方をしていますか？
- ☐ 子どもの特性に合わせて、活動のハードルを調整していますか？
- ☐ 子どもの気持ちに共感していますか？
- ☐ アイメッセージで子どものありのままを承認していますか？

全素材が
ダウンロードできます！

イラスト素材

誌面で紹介したツールが作れる素材・作り方イラスト集。
コピーしてご使用ください。

P.15

お部屋行き切符

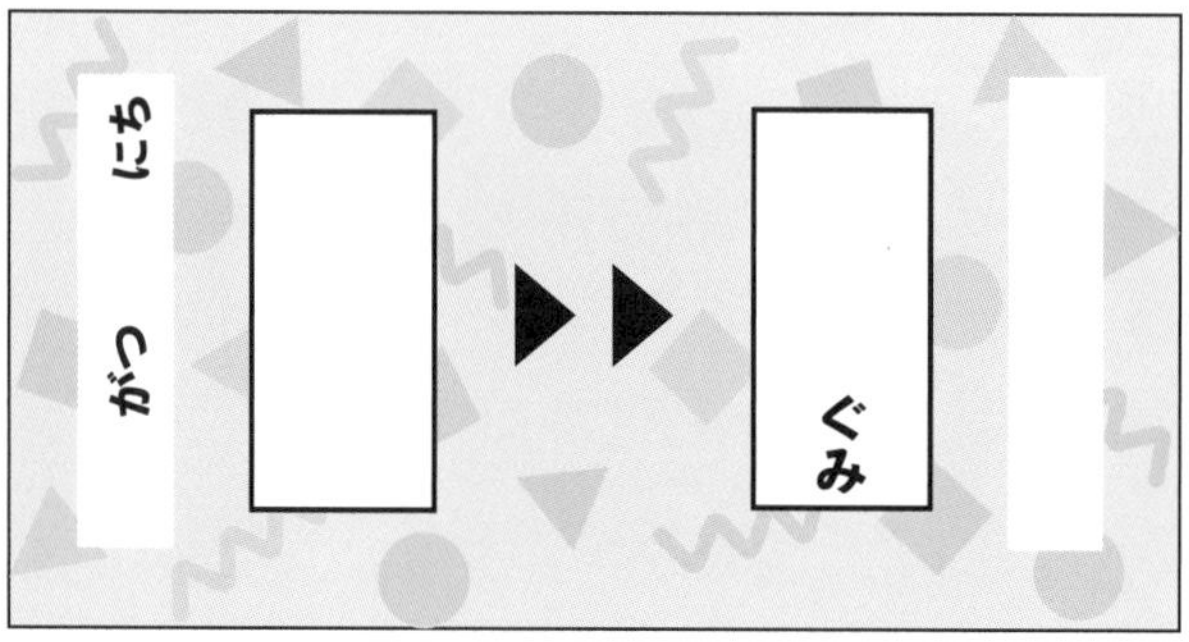
がつ
にち
ぐみ

P.12

足形シート

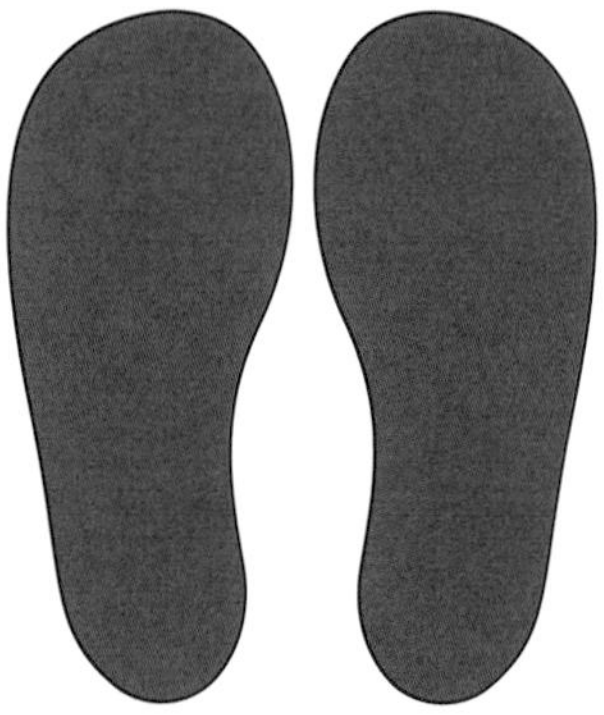

P.13

おたすけベンチ・手伝ってカード

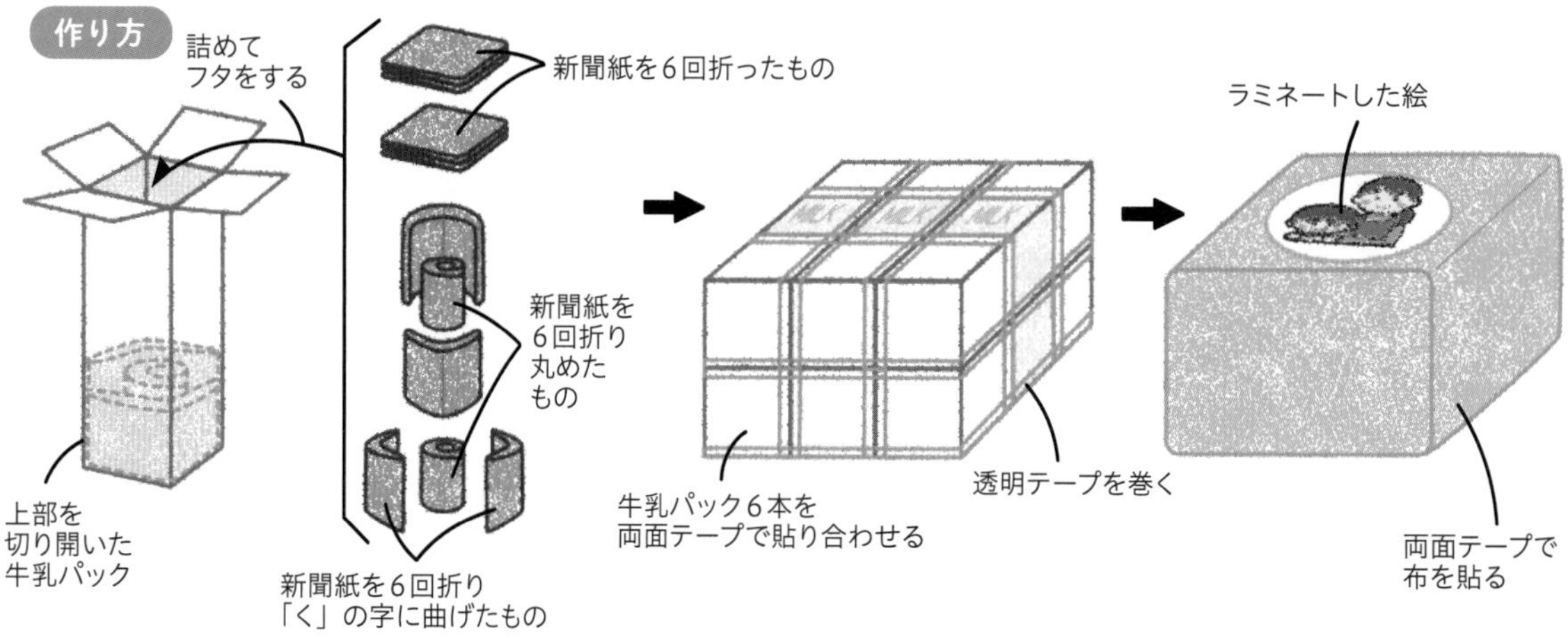
作り方
詰めて
フタをする
新聞紙を6回折ったもの
新聞紙を
6回折り
丸めた
もの
上部を
切り開いた
牛乳パック
新聞紙を6回折り
「く」の字に曲げたもの
牛乳パック6本を
両面テープで貼り合わせる
透明テープを巻く
ラミネートした絵
両面テープで
布を貼る

P.15

足形ステップ

この絵カードは『PriPri 発達支援 絵カード② 着替え』にも収録されています。

P.23

お着替え絵カード

パジャマ《ぱじゃま》の うわぎ

パジャマ《ぱじゃま》の ズボン《ずぼん》

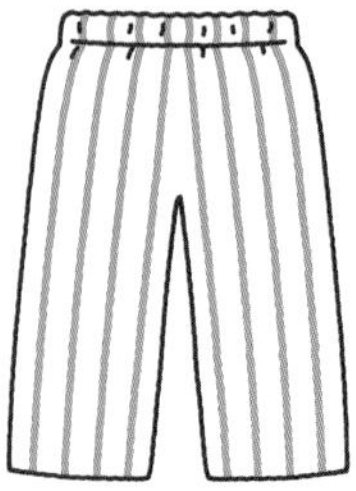

ズボン《ずぼん》を はく

うわぎに うでを とおす

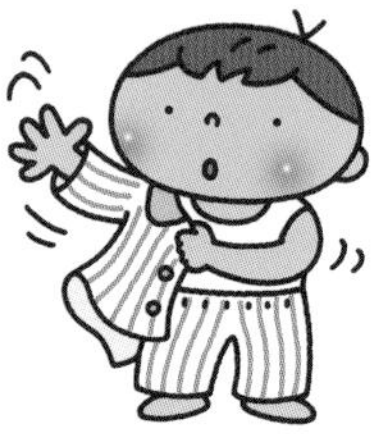

うわぎに はんたいの うでを とおす

ボタン《ぼたん》を とめる

P.24

イラスト付きインデックス

くつした

ようふく

はだぎ

ズボン《ずぼん》

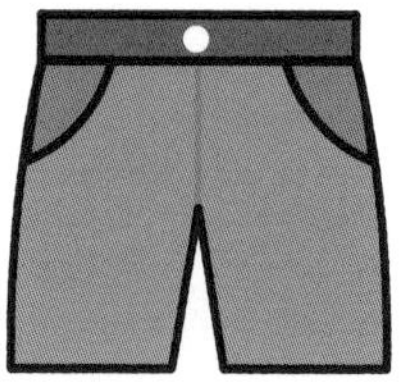

パンツ《ぱんつ》

P.28

イヤーマフ＆マーク

P.25

お手伝いしますカード

おてつだいします

PriPri 発達支援
発達障害の子が迷わず動ける！
絵カード1
食事・トイレ
いただきます
絵カードで 生活習慣の 自立を促す！
みずを 1かい ながす

この絵カードは『PriPri 発達支援　絵カード① 食事・トイレ』にも収録されています。

P.27

トイレ絵カード

ズボン《ずぼん》を おろす

べんきに すわる

かみを ちぎる

おしりを ふく

ズボン《ずぼん》を あげる

みずを 1かい ながす

P.29

会いに行きたくなる動物カード＆マーク

P.28

素材を選べるスリッパ

P.31

うんち・おしっこ別ペーパーBOX

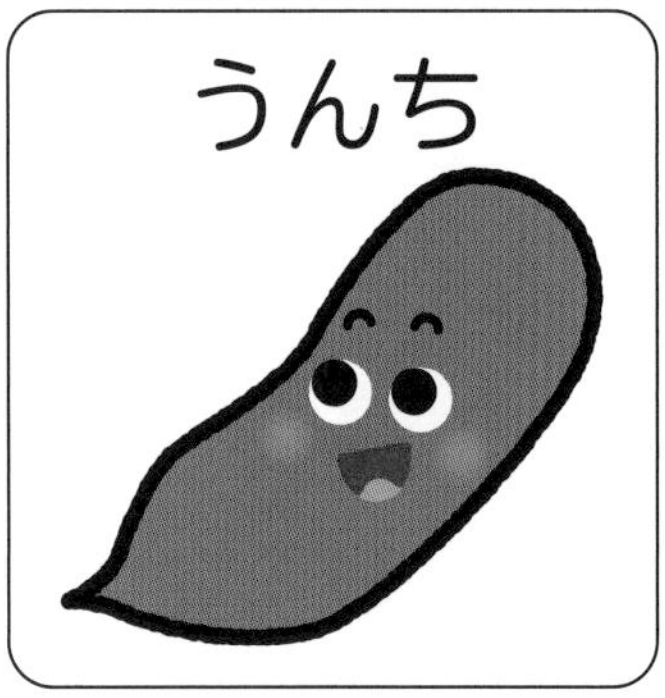

P.30

がんばったねカード

P.34

手洗い
プレイパーク

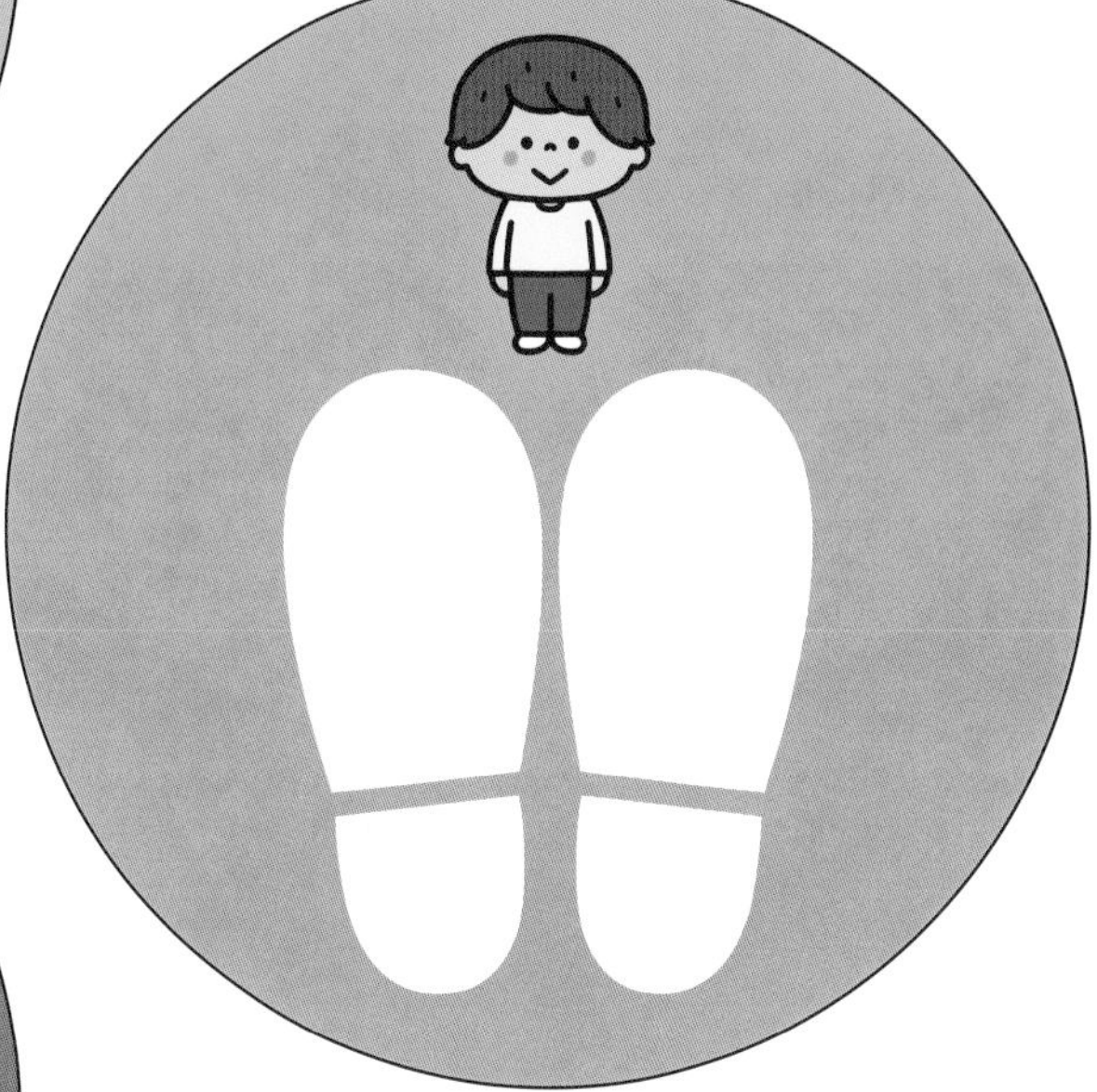

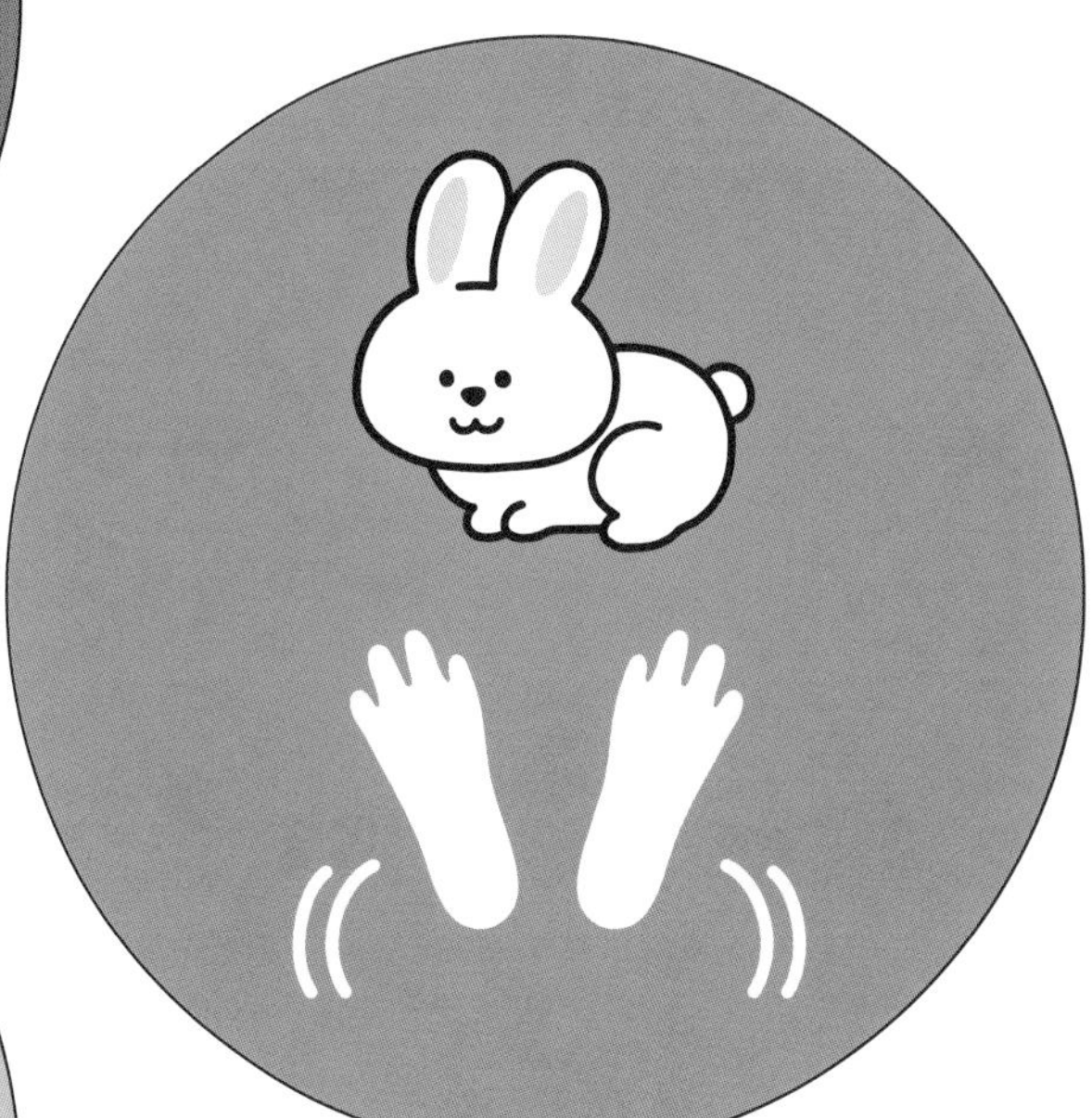

P.35

待てるかな？マーク

220%に拡大すると、
B4サイズになります。

P.40

カラーランチョンマット

P.45

あそびメニュー表・好きなことリスト

この絵カードは『PriPri 発達支援　絵カード⑧ あそびの道具』にも収録されています。

110%に拡大すると、名刺と同等のサイズになります。

すなば

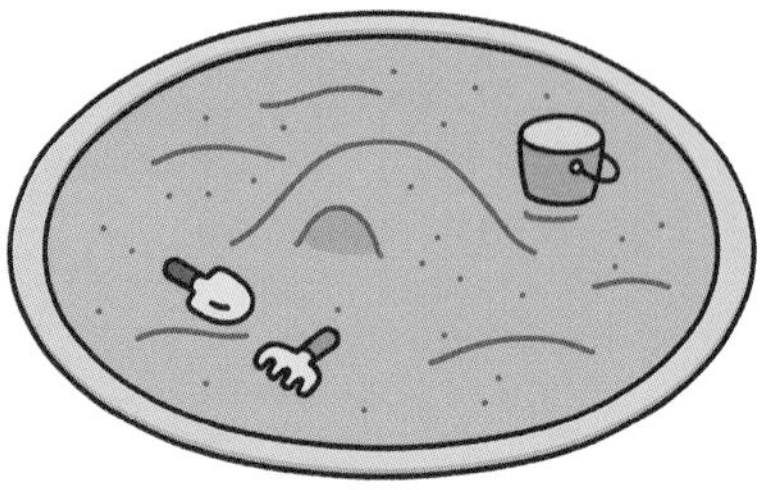

ブランコ《ぶらんこ》

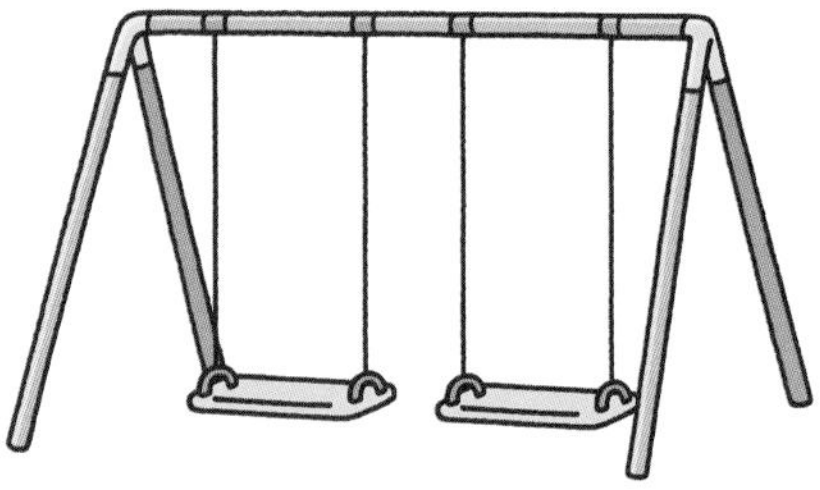

さんりんしゃ

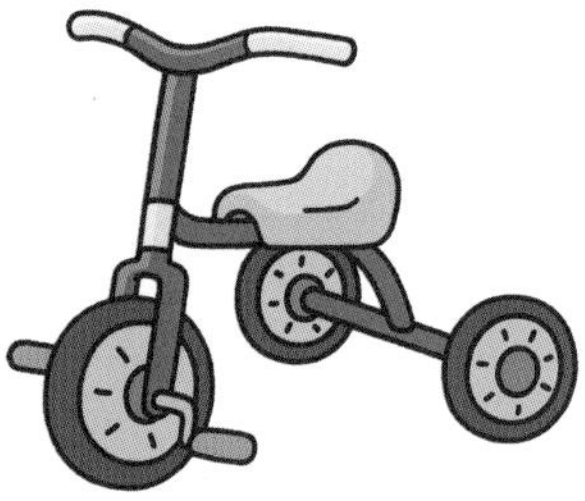

ねんど

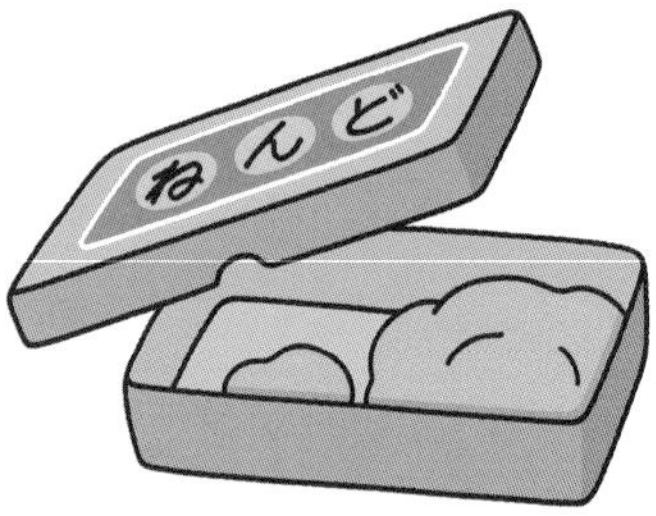

ボール《ぼーる》

ミニカー《みにかー》

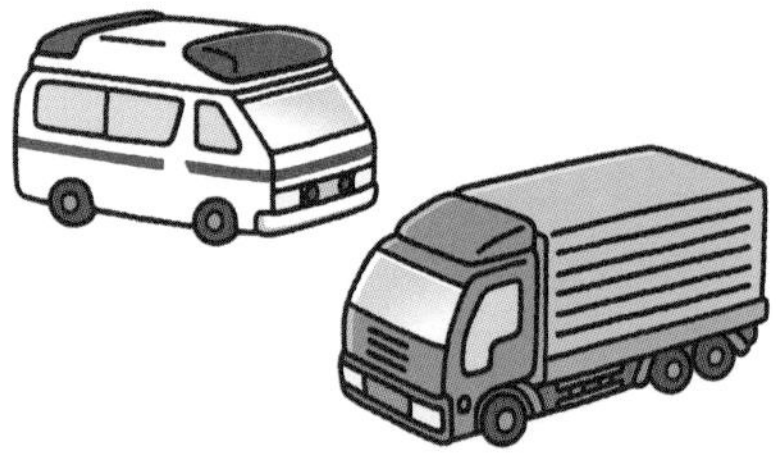

すべりだい

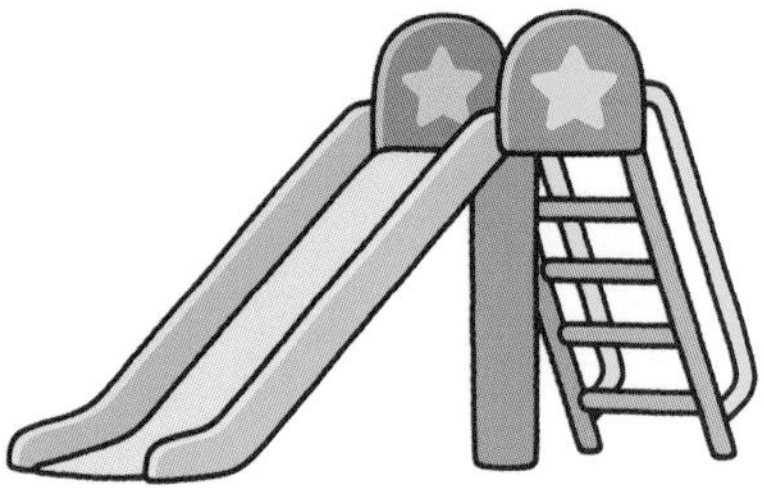

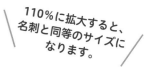

おりがみ

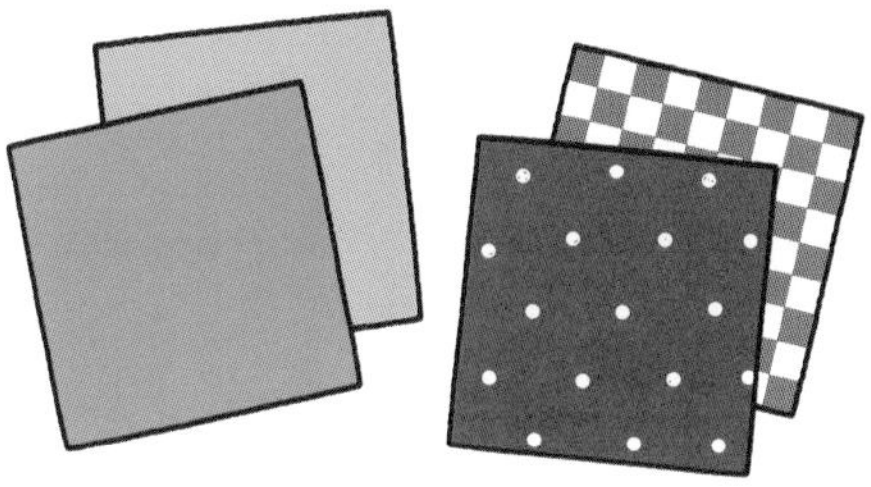

ブロック《ぶろっく》

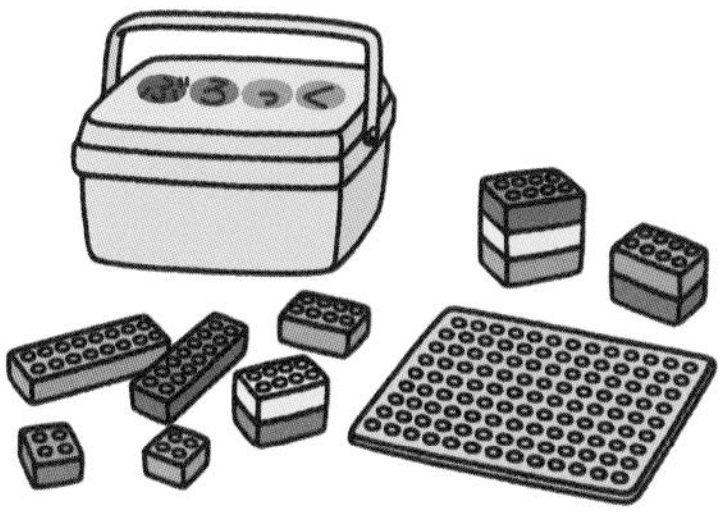

つみき

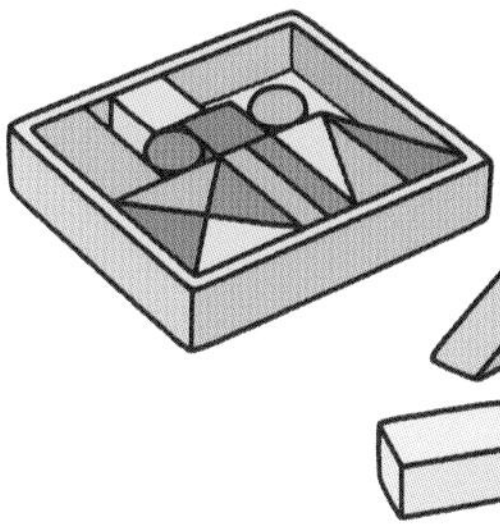

クレヨン《くれよん》

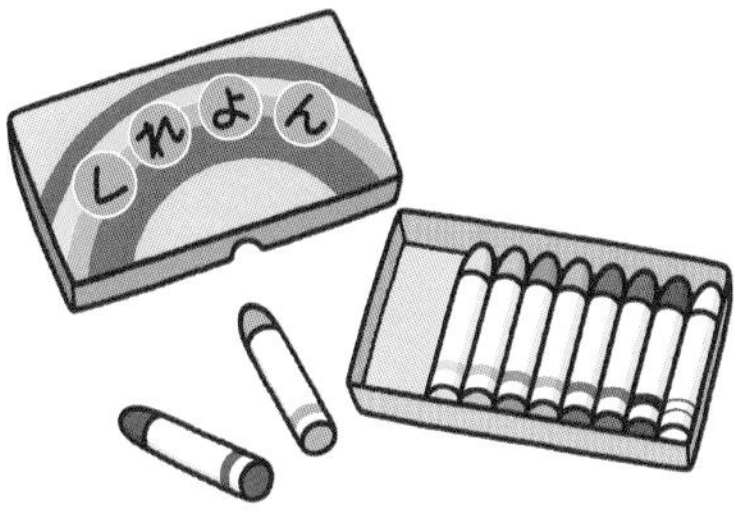

ぬいぐるみ

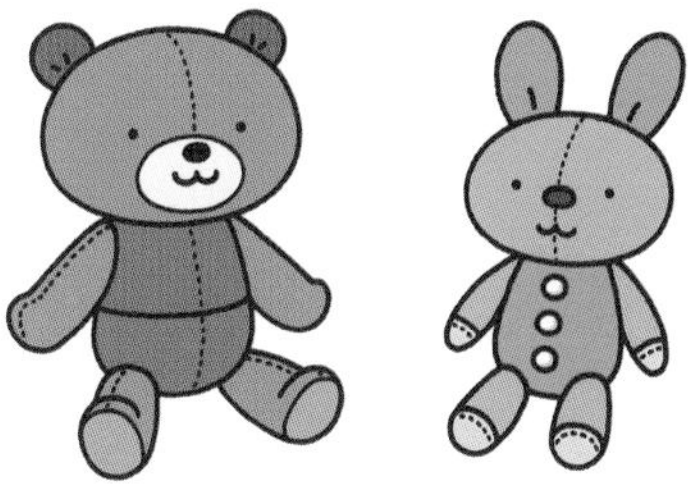

えほん

ままごとセット《せっと》

パズル《ぱずる》

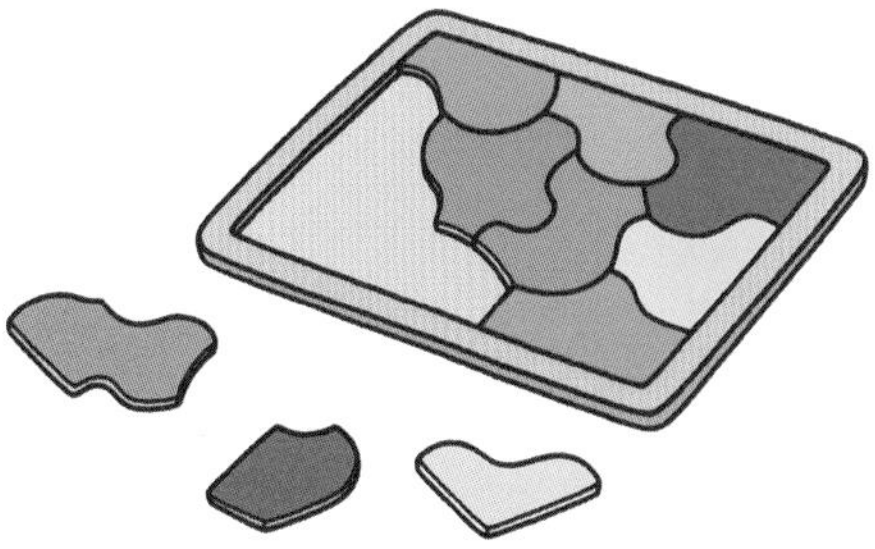

P.55

片づけパトロール隊メダル

P.52

めくり式手順表

P.55

なりきり収納術

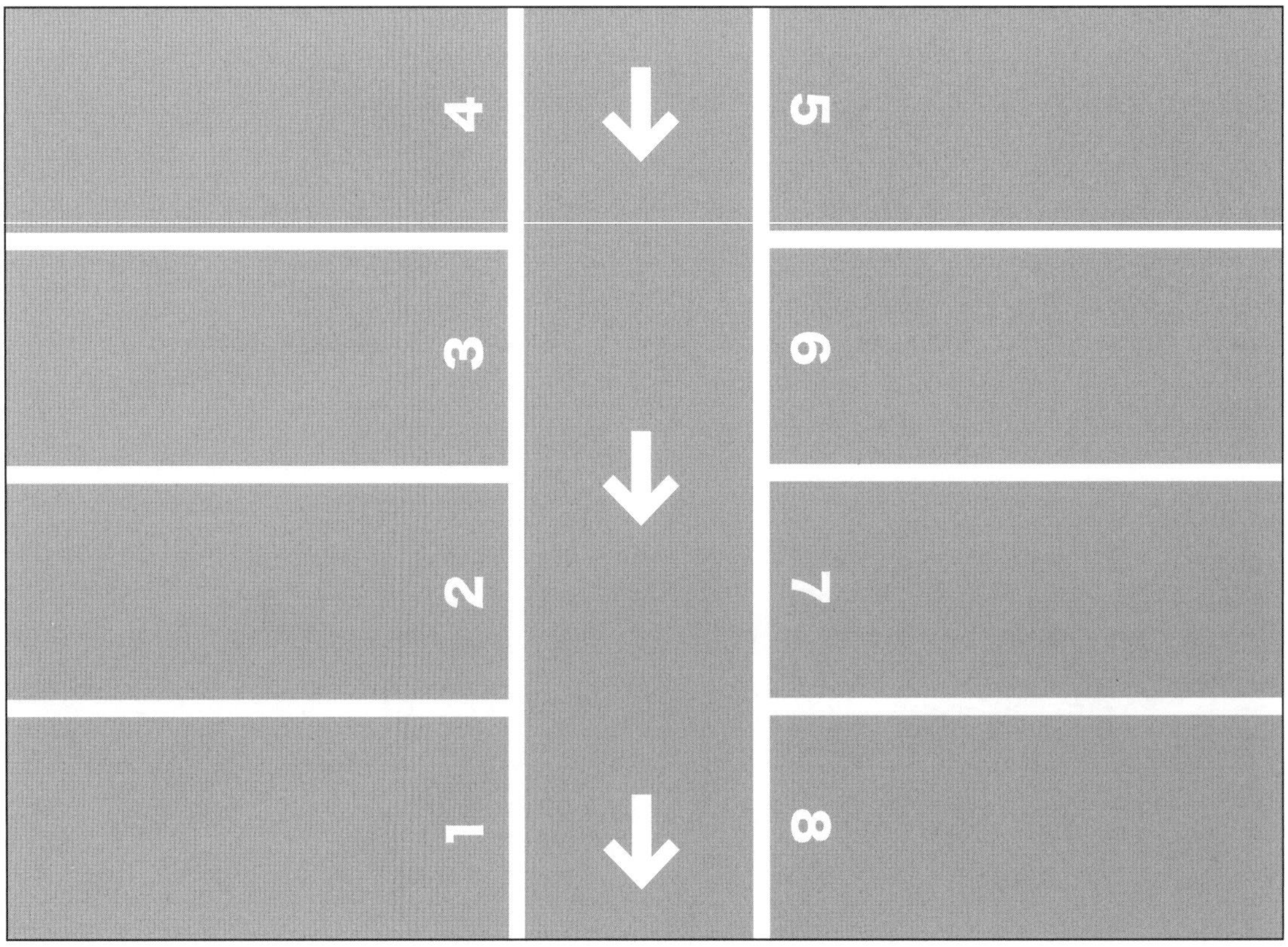

P.58

テレビフレーム

作り方

① 板段ボールを２枚カットし、両面テープで貼り合わせる

② 2枚を重ね合わせたフチにマスキングテープを貼る

③ グレーの色画用紙を板段ボールの表裏に貼る

④

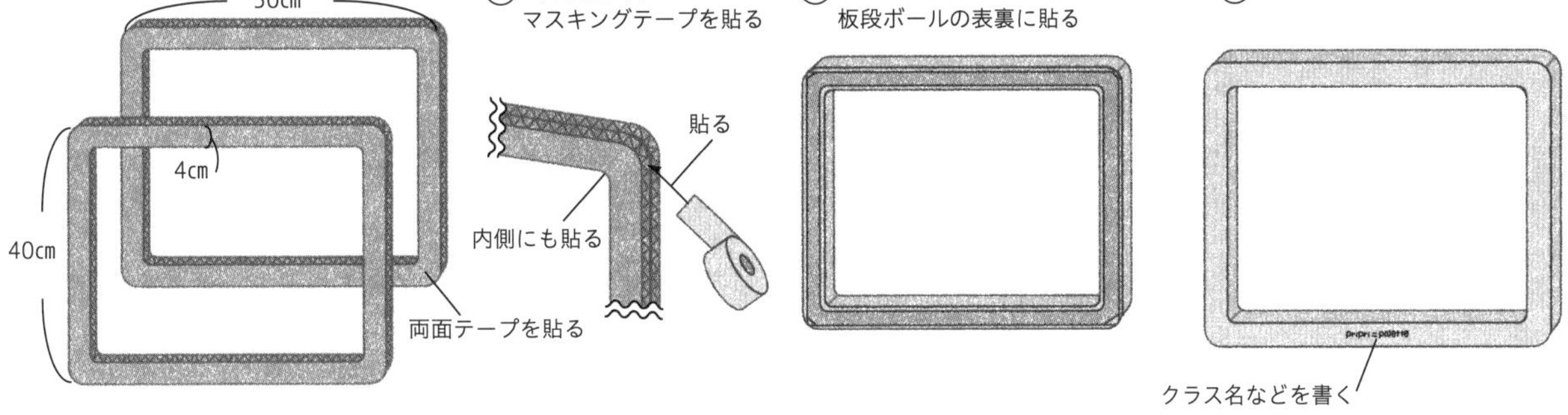

50cm
4cm
40cm
両面テープを貼る
貼る
内側にも貼る
クラス名などを書く

P.63

スタンプラリー

いってきます!
おかえりなさい

P.59

トランジットコーナー

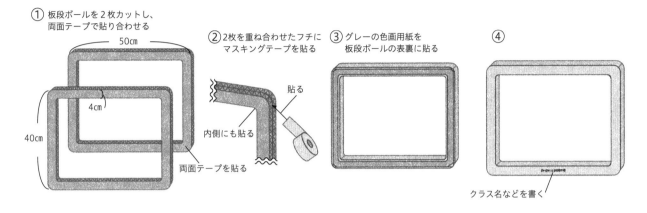

P.66 乗り物型スペース

作り方

本体は段ボール箱を使用。
P.66掲載の実物サイズを表記しています。
大きさは手に入る素材や子どもに合わせて自由に調整してください。

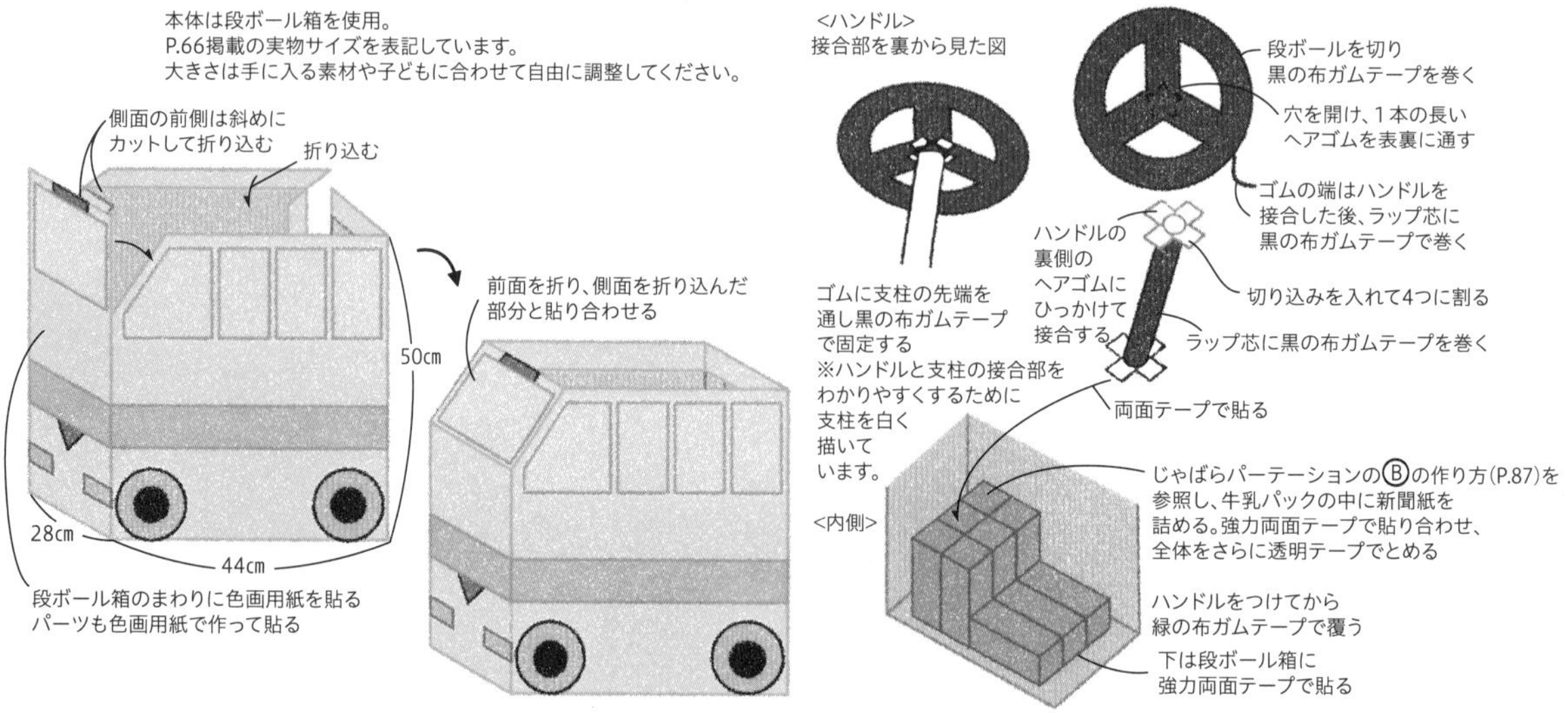
側面の前側は斜めに
カットして折り込む
折り込む
50cm
28cm
44cm
段ボール箱のまわりに色画用紙を貼る
パーツも色画用紙で作って貼る
前面を折り、側面を折り込んだ
部分と貼り合わせる
<ハンドル>
接合部を裏から見た図
ゴムに支柱の先端を
通し黒の布ガムテープ
で固定する
※ハンドルと支柱の接合部を
わかりやすくするために
支柱を白く
描いて
います。
<内側>
段ボールを切り
黒の布ガムテープを巻く
穴を開け、1本の長い
ヘアゴムを表裏に通す
ゴムの端はハンドルを
接合した後、ラップ芯に
黒の布ガムテープで巻く
ハンドルの
裏側の
ヘアゴムに
ひっかけて
接合する
切り込みを入れて4つに割る
ラップ芯に黒の布ガムテープを巻く
両面テープで貼る
じゃばらパーテーションのⒷの作り方(P.87)を
参照し、牛乳パックの中に新聞紙を
詰める。強力両面テープで貼り合わせ、
全体をさらに透明テープでとめる
ハンドルをつけてから
緑の布ガムテープで覆う
下は段ボール箱に
強力両面テープで貼る

型紙

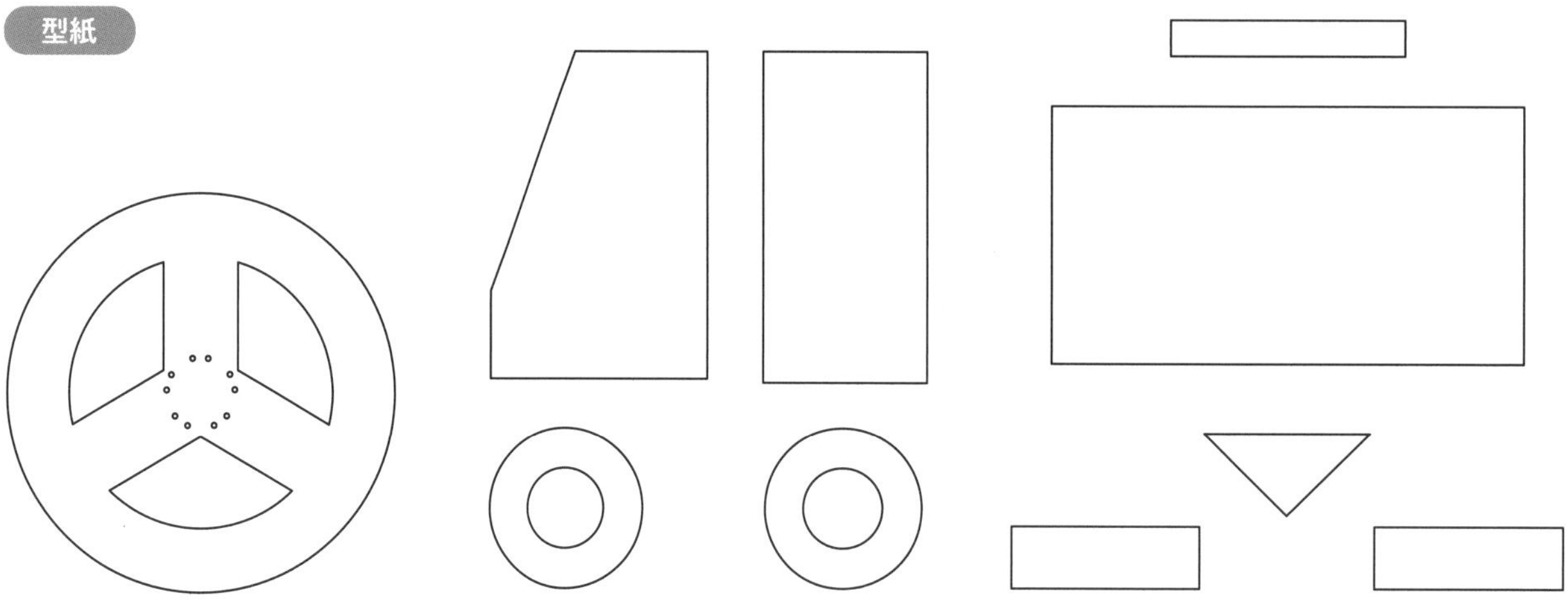

ハンドル　　車の側面　　車の前面

P.67 おうち型スペース

作り方

P.67掲載の実物サイズを表記しています。
大きさは、手に入る素材や子どもに合わせて調整してください。

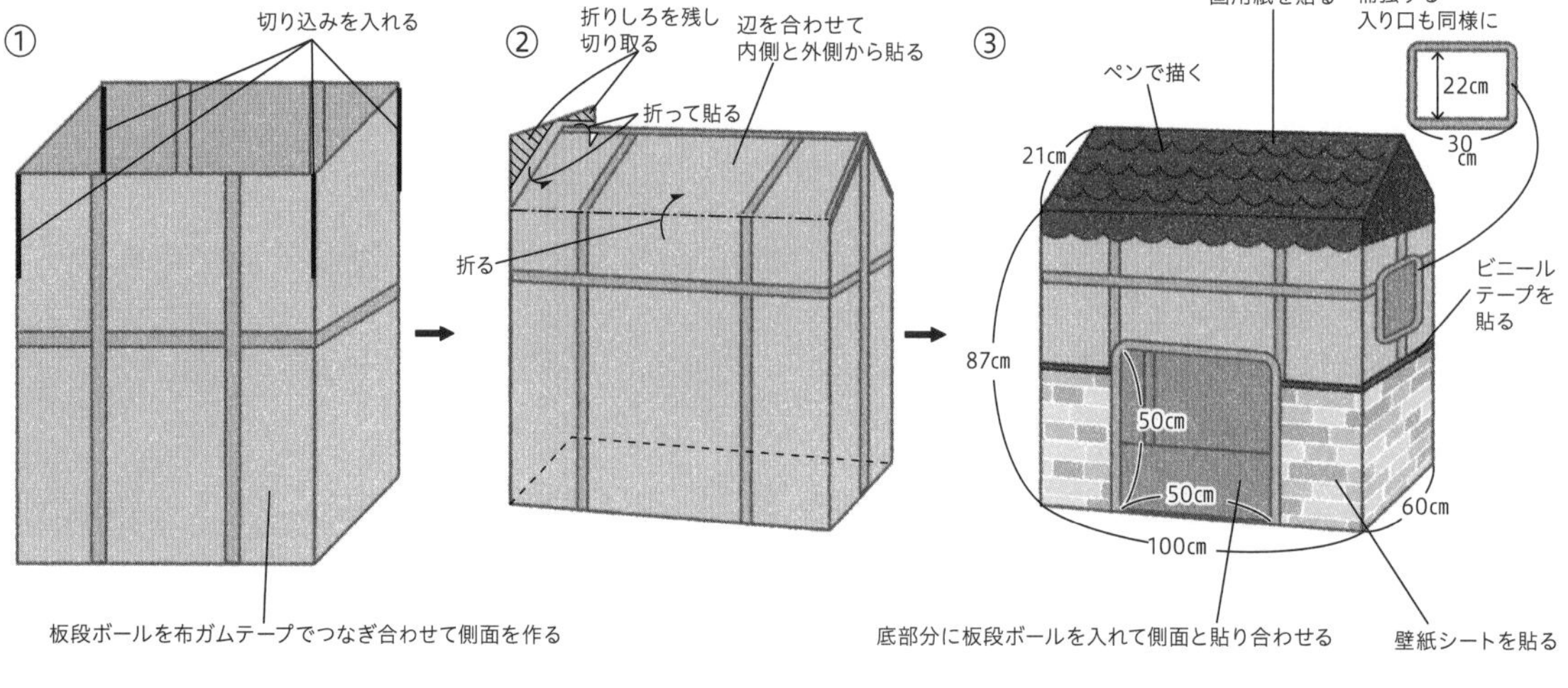
①
切り込みを入れる
板段ボールを布ガムテープでつなぎ合わせて側面を作る
②
折りしろを残し
切り取る
辺を合わせて
内側と外側から貼る
折って貼る
折る
③
ペンで描く
画用紙を貼る
窓を切り取り
ふちを布ガムテープで
補強する
入り口も同様に
22cm
30cm
21cm
87cm
50cm
50cm
100cm
60cm
ビニール
テープを
貼る
底部分に板段ボールを入れて側面と貼り合わせる
壁紙シートを貼る

P.67 じゃばらパーテーション

作り方

P.67 の掲載の実物サイズを表記しています。
大きさは、手に入る素材や子どもに合わせて調整してください。

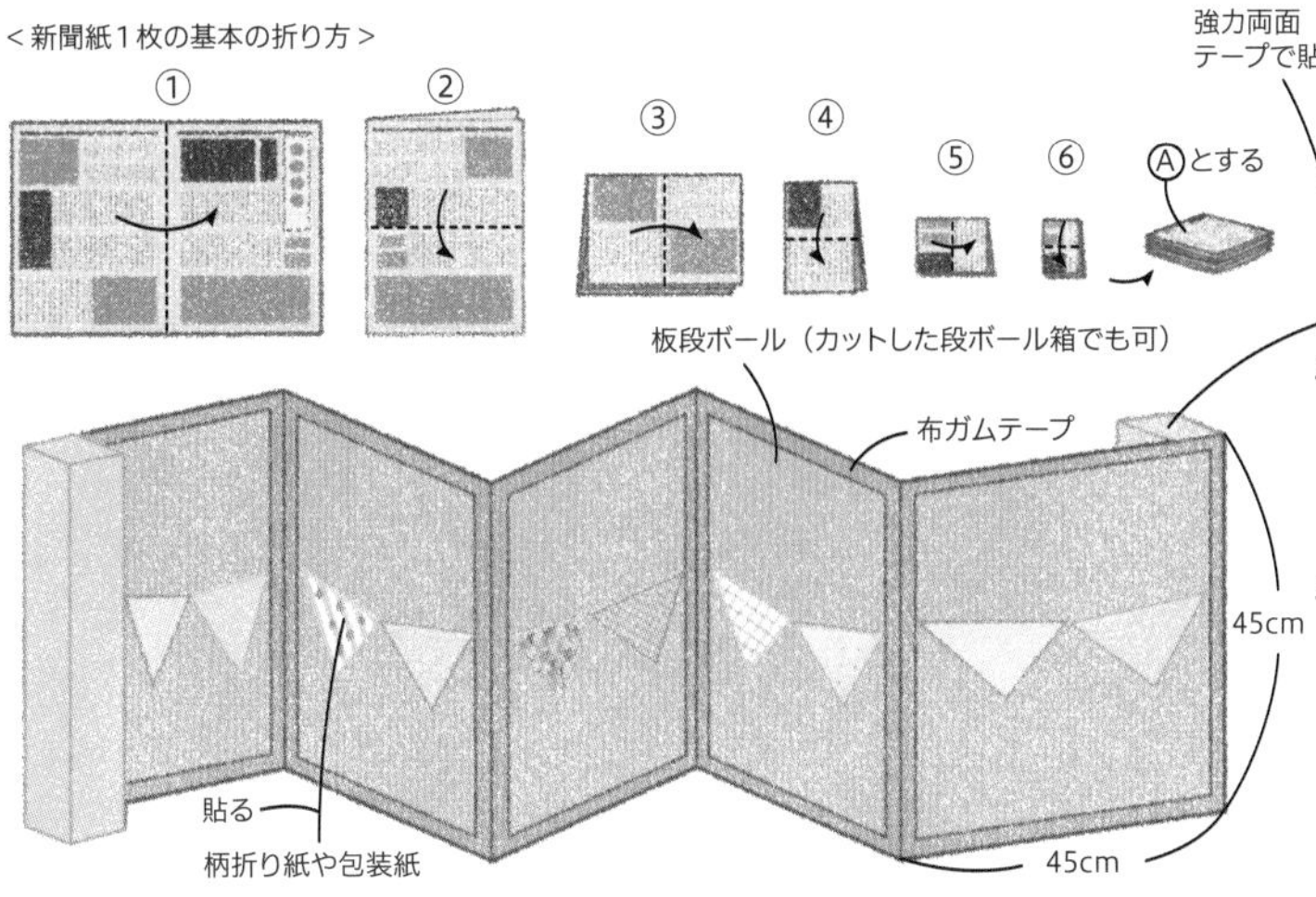

＜新聞紙１枚の基本の折り方＞
①
②
③
④
⑤
⑥
Ⓐとする
板段ボール（カットした段ボール箱でも可）
布ガムテープ
45cm
45cm
貼る
柄折り紙や包装紙

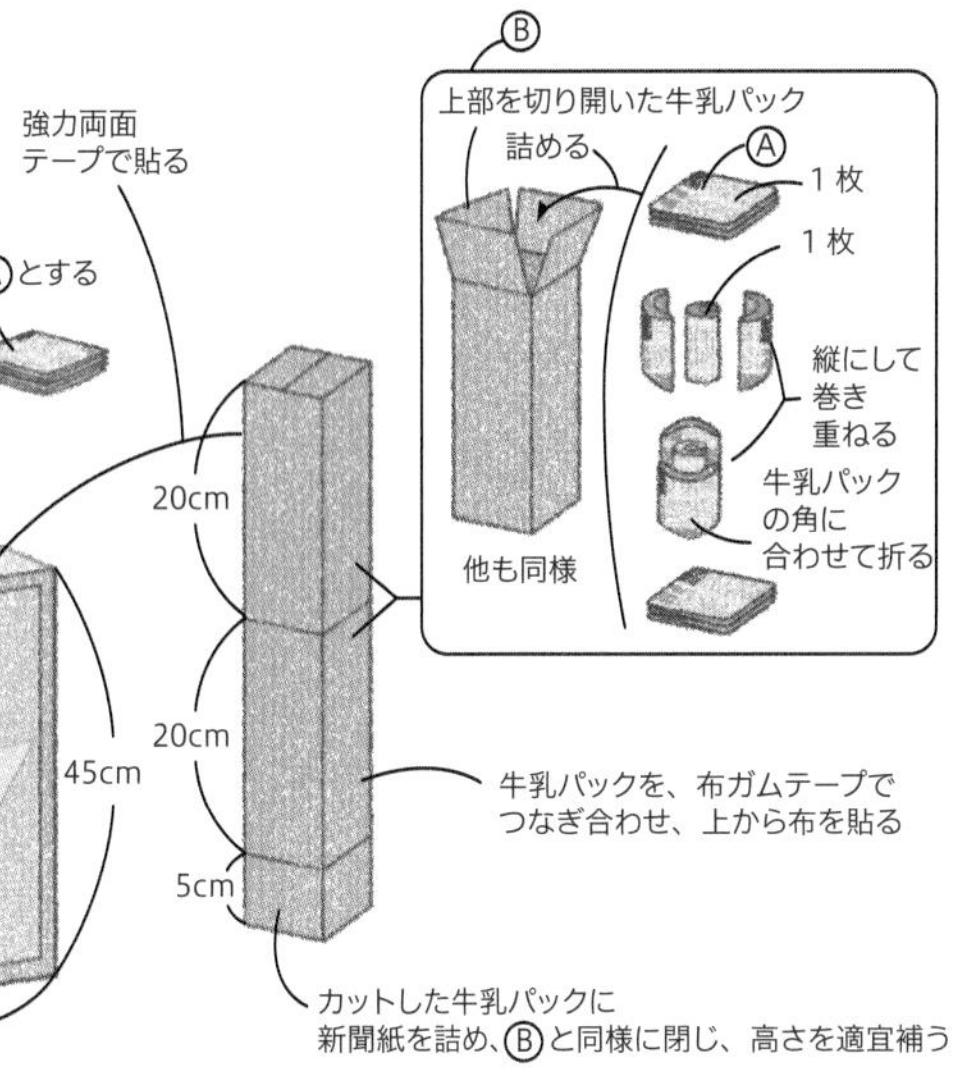

強力両面
テープで貼る
Ⓑ
上部を切り開いた牛乳パック
詰める
Ⓐ
１枚
１枚
縦にして
巻き
重ねる
牛乳パック
の角に
合わせて折る
他も同様
20cm
20cm
5cm
牛乳パックを、布ガムテープで
つなぎ合わせ、上から布を貼る
カットした牛乳パックに
新聞紙を詰め、Ⓑと同様に閉じ、高さを適宜補う

P.68 安心チェア

作り方

P.68 の掲載の実物サイズを表記しています。
大きさは、手に入る素材や子どもに合わせて
調整してください。

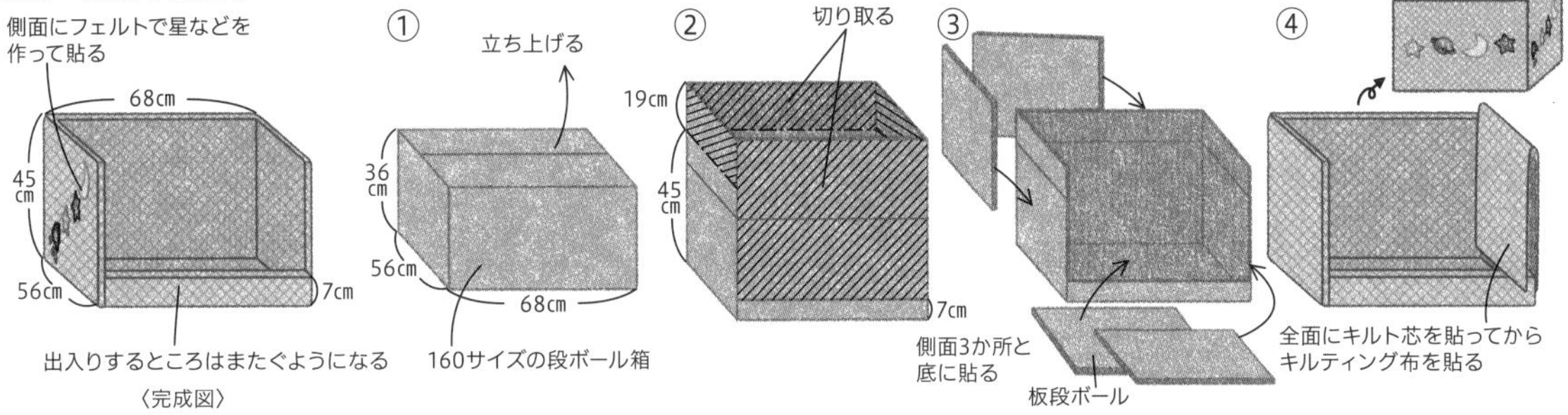

側面にフェルトで星などを
作って貼る
68cm
45
cm
56cm
7cm
出入りするところはまたぐようになる
〈完成図〉
①
立ち上げる
36
cm
56cm
68cm
160サイズの段ボール箱
②
切り取る
19cm
45
cm
7cm
③
側面3か所と
底に貼る
板段ボール
④
全面にキルト芯を貼ってから
キルティング布を貼る

P.68 おやくそくポスター

300%に拡大すると、
A４サイズになります。

おやくそく
おともだちと
なかよく あそぼう！
ちいさな こえで
おはなし しよう！
すわって ゆったり あそぼう！
じかんを まもって つかおう！
おもちゃは おともだちと
じゅんばんこで つかおう！
おかたづけを わすれずに！

せんせいと
おやくそく
して きてね！

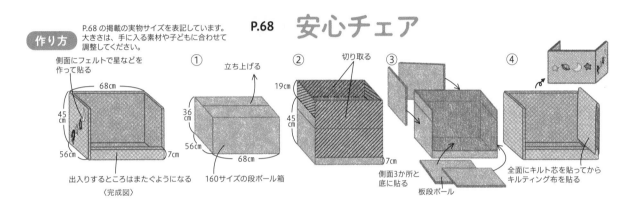

アートディレクション＆デザイン
川村哲司（atmosphere ltd.）
本文デザイン　米谷洋志
イラスト　坂本伊久子　（資）イラストメーカーズ
支援ツールイラスト　金子ひろの　ささきともえ
鹿渡いづみ　みさきゆい
支援ツール制作　佐藤ゆみこ
支援ツールデザイン　嶋岡誠一郎
モ デ ル　赤松美音　浅利香那芽　天野叶愛　アレン明亜莉クレア
泉谷星奈　市野 叶　井上葵友　榎本 晄　近江晃成
小野絵里奈　小野真弘　坂元 楓　志田原まりあ
嶋崎希祐　高木碧桜　冨田一瑠　西山美紅　花谷聡亮
星 乃々　前田琉愛　松本航弥　松本瑛貴　村田絢音
山中美子葉　和田虎白　渡邉えみり（テアトルアカデミー）
千葉惣二朗（オスカープロモーション）
撮　影　五十嵐 公　久保田彩子　中村年孝
中島里小梨・伏見早織（世界文化ホールディングス）
校　正　株式会社 円水社
DTP作成　株式会社 明昌堂
編集協力　こんぺいとぷらねっと
企画編集　源嶋さやか　齊藤菜央

※本書は、『PriPriパレット』2021年春号・冬号、2022年4・5月号～2024年4・5月号の一部を再編集したものです。

発達障害の子どもが安心して過ごせる

魔法の保育環境づくり

発行日　2024年7月30日　初版第1刷発行

監修　藤原里美
発行者　駒田浩一
発 行　株式会社世界文化ワンダーグループ
発行・発売　株式会社 世界文化社
〒102-8192
東京都千代田区九段北4-2-29
電話：03-3262-5474（編集部）
電話：03-3262-5115（販売部）
印刷・製本　TOPPANクロレ株式会社

ISBN978-4-418-24706-6

監修

藤原里美　ふじわら・さとみ

チャイルドフッド・ラボ代表理事。元東京都立小児総合医療センター主任技術員、臨床発達心理士、発達支援専門士、保育士。保育現場を経験した発達支援の専門家として、保育者の育成にも力を注いでいる。

協　力

黒葛真理子（チャイルドフッド・ラボ）

あおぞら保育園（東京都）
安積町つつみ幼稚園（福島県）
春日町第三保育園（東京都）
小金井なないろ保育園（東京都）
太陽の子保育園（東京都）
多古こども園（千葉県）
東京大谷幼稚園（東京都）
東平なでしこ保育園（東京都）
柚木武蔵野幼稚園（東京都）
川村直美（大和はないろ保育園／神奈川県）
吉見絵里（小金井なないろ保育園／東京都）

株式会社ソニック
株式会社ボーネルンド
クツワ株式会社
長谷川刃物株式会社
ポスタリア株式会社
モザンビーク株式会社
LaQ（ヨシリツ株式会社）
レック株式会社

撮影協力

クレアナーサリー市ヶ谷（東京都）
ひさみ幼稚園（埼玉県）

UD FONT

本文に見やすく読み間違えにくいユニバーサルデザインフォントを採用しています。